橫行霸道、出口成髒、自私自利……
別人對孩子唯恐避之不及，全都是家長的問題！

你的孩子還沒長大成人，為何就已淪為孤家寡人？

孩子在家被寵上天，結果出外做客超丟臉？
別人的孩子落落大方，你的孩子卻總是畏首畏尾？
孩子總是笑臉盈盈滿口應好，心裡其實委屈到不行？
見了長輩一溜煙躲回房間，父母還得陪笑解釋只是害羞？

今天起改變教養的壞習慣，把每一個孩子視為獨立個體，
身為父母，你／妳該陪伴孩童一起成長！

依潔，欣悅 編著

目錄

目錄

第三章　幫助孩子形成活潑開朗的個性

第四章　提升孩子的交際口才

第五章　幽默的孩子討人喜歡

第六章　孩子交流中常遇到的障礙

目錄 ────────────────

目錄

前言

　　美國前總統羅斯福（Franklin Delano Roosevelt）曾說：「在成功的公式中，最重要的一項因素是與人相處。」一個人一生的成功、幸福與否，與人緣的好壞有著莫大的關係。人緣好的人，無論是在事業上還是在生活中，別人都願意幫助他：他過河時有人搭橋，落水時有人伸手。一個人如果擁有良好的人緣，就等於擁有了一筆巨額的無形資產。身為父母，你一定非常渴望自己的孩子能夠擁有這筆資產。

　　孩子終究要從家庭走向社會，但你別以為孩子長大了自然就會朋友遍天下。倘若孩子在家庭沒有受到正確的指導、引導，很容易表現出任性、事事以自我為中心、不合群、霸道、有攻擊性等行為，繼而影響人格發展，最終導致人際關係不良。當他們進入社會時，就會發現他們很難與別人溝通，也不知道該怎樣與別人打交道，會產生孤獨感，開始懷疑自己的能力，喪失信心，並很難融入到社會當中。

　　常言道：「三歲看大，七歲看老。」這句話有一定的道理。萬丈高樓平地起，幼兒時期是身心發展的重要時期，孩子的品性雖屬雛形，但它對日後的心理發展卻具有深遠的影響。

　　人際關係對孩子的成長有很重要的作用。良好的人緣關係，不僅能使孩子體驗到友誼帶來的身心愉悅，還能培養其

前言

分析問題、解決問題的能力，促進創造力、情商的發展。

先哲荀子有云：「人之生不能無群。」說的是孩子從一生下來就有與人交流的要求。人際交流是發展孩子社會性的一條重要途徑，孩子只有在與同伴、成人的友好交流中，才能學會在平等的基礎上協調好各種關係，才能正確地認識和評價自己，形成正向的情感，為將來正常地進入社會、更好地適應社會生活打下基礎。

善於與人交流溝通要從小培養。一個人緣好的孩子，必定人格健全、個性和善、口才優秀 —— 這些素養父母若不從小培養，等孩子長大了就難以再找回。父母是孩子的第一個接觸的對象，也是孩子的啟蒙老師。主動與孩子交流，及時滿足孩子的各種需求，並協助、引導孩子學會如何與人交流，這些都是家長義不容辭的責任。

沒有朋友的童年是不幸的。尤其是對於這一代的獨生子女來說，他們的孤獨感更加強烈，他們的交友欲望更加迫切。「無論在哪一個國家，每一位父母都有這樣的責任：在言傳身教中使他們的孩子獲得交流與共贏的能力。」前聯合國兒童基金會執行主任卡洛·貝拉米（Carol Bellamy）在一次大會上這樣呼籲。

為了讓你的孩子在友情的包圍中快樂成長，請打開這本書，它將成為你教育孩子的好幫手。

第一章

交際能力攸關孩子一生

我們見過了太多的所謂「才子」。他們從小很會讀書，考試分數很高，一路順風地進入頂尖大學，贏得了不少人的豔羨！可是，等到大學畢業走向社會，「才子」便變成了人見人愁的「愁子」了。這類人大多都有一個共同的特點，那就是智商高、情商低，而情商低又主要表現在人際關係處理的笨拙上。

　　記得一位哲人說過：「人生的美好是人情的美好，人生的豐富是人際關係的豐富。」一個人的成敗、得失、愛恨、悲歡，都和他的交際能力有莫大的關係。人緣好的人，無論是在事業上還是在生活中，別人都願意幫助他：他過河時有人搭橋，落水時有人伸手；歡樂時有人祝賀，悲傷時有人安慰……這樣的人，就等於擁有了一筆巨額的無形資產。身為父母，你一定非常渴望自己的孩子能夠擁有這筆資產。

好人緣者易成功

　　從某種意義上說，這個世界上與成功有關的「好東西」，大多都是為人緣好的人所準備的。「好人緣」者總是諸事順利，四通八達。對於他們而言，沒有淌不過的河，也沒有翻不過的山，上司解決不了的事情，可以找上司的上司，親戚解決不了的事情，可以找親戚的親戚，朋友幫不上忙，可以找朋友的朋友。再不成，找朋友的上司的親戚的鄰

居，也要達到終極的目標。他們的人緣，像一條巨大的章魚那深不可測的觸鬚，幽幽地發出了牠示好的訊號，從容穿過那些七折八轉的甬道，獵取到自己的獵物。

霍華德‧加德納（Howard Earl Gardner）是美國哈佛大學教育研究所的教授，他是一個在國際上享有盛譽的心理學家和教育學家。一九八三年，加德納提出了多元智慧理論，他認為人至少有八項智慧：語文、數理邏輯、空間、音樂、肢體動作、人際、內省、自然觀察。此理論被各國教育學、心理學界譽為「哥白尼式的革命」。

其中，加德納提出的人際智慧（interpersonal intelligence），是指察覺並區分他人的情緒、意向、動機及感覺的能力。這包括對臉部表情、聲音和動作的敏感度，辨別不同人際關係的暗示以及對這些暗示做出適當反應的能力。

人際智慧強的人通常比較喜歡參與團體性質的運動或遊戲，例如籃球、橋牌，而較不喜歡個人性質的運動及遊戲，例如慢跑、玩電動玩具。當他們遇到問題時，他們比較願意找別人幫忙，喜歡教別人如何做某件事。他們在人群中感覺很舒服自在，通常是團體中的領導者，他們適合從事的職業有政治、心理輔導、公關、推銷及行政等需要組織、聯絡、協調、領導、聚會等的工作。

加德納提出的八項智慧，並非枯坐書齋、悶思苦想、閉

門造車的產物，每一項都有扎實的實驗研究支撐。他曾經追蹤研究了很多孩子，發現那些從小成績優秀的學生，長大以後卻反而不是最有成就的人。那些在社會上取得了莫大成就的人，學生時的成績普遍是中上游。一開始，加德納覺得很費解，為什麼那些成績最好的孩子反而不是最有成就的呢？

經過反覆的調查，他才明白了其中的蹊蹺。原來，那些成績排名前列的孩子雖然很會讀書，但因為他們把自己全部的精力都放在書本上，結果變成了個性有些孤僻甚至怪異的「書呆子」，不善和人相處。當這樣的人踏入社會後，因為不善和別人合作，無法融入團隊，往往容易成為集體中被孤立、被排擠的對象，得不到很多的支持與援助。而那些排名中上游的孩子，成績雖然不是最好，但他們大多個性開朗、活潑，豁達大度，喜歡與別人合作，很容易和別人打成一片，可以輕而易舉地融入集體當中，可以借助集體的合力從而使自己的努力事半功倍。

老張夫婦倆都沒唸過多少書，辛辛苦苦大半輩子也沒「混」出個名堂。老張是鉗工，張老太太原先是紡織工廠的女工，後來離職再就業，成了客運的售票員。倆人吃夠了沒知識的苦，決心不能讓兒子小張「再走自己的老路」。於是，他們拚命供小張讀書。經過一家三口多年的努力，小張終於考進了一所很有名的大學。

　　兒子上了頂尖大學，父母的心願終於變成了現實。老張夫婦還沒為此高興幾天，就接到了小張的壞消息：和同學吵架了。原來，從小就生活在父母羽翼下的小張，無論什麼事情都由父母包辦。父母處處讓著他、護著他，他只需要一心一意讀書就行了。他每天的時間，除了吃飯、睡覺，幾乎都花在讀書上了，和別人沒有什麼交流。在大學裡，環境變了，什麼事情都需要自己去面對。小張非常不適應，不懂得如何和他人相處。大學住的是多人宿舍，同學之間難免會有一些磕磕碰碰。小張習慣了以自我為中心的行事作風，在學校裡卻吃不開。

　　結果，不到一個學期，小張就把宿舍裡的其他同學都得罪了。同學們都有意疏遠他，以避免彼此產生矛盾。由於沒有朋友，小張形單影隻，只能打電話給家裡，向媽媽訴苦……

　　其實，對於那些能夠恰當地與別人交流的孩子來說，同學之間都是很容易處理的小事。相互協商一下，彼此退讓一下，也就解決了。可是對這個小張來說，因為父母從小幾乎就沒有引導他去掌握這些人與人之間交流的常識，這些最基本的社會能力，他一點都不懂。

　　從小張身上，我們依稀看到一個高分低能的才子正在演變成「愁子」。

第一章　交際能力攸關孩子一生

　　難怪，石油大王洛克斐勒（John Davison Rockefeller）曾經這樣說：「與得到其他本領相比，他願意付出更大的代價來獲取與人相處的本領。」而美國前總統羅斯福則說得直截了當：「在成功的公式中，最重要的一項因素是與人相處。」

　　此外，善於與別人交流的孩子，可以得到更多的感情的交流，更多的快樂。心理學家發現，善於交流的孩子容易形成快樂健康的個性。如果孩子總是被拋棄、被拒絕於集體之外，就會產生孤獨感，感情會受到壓抑。久而久之，他們會不願意開放自己的心靈，感到寂寞、空虛和無聊，始終處於孤獨、封閉、退縮的狀態，如同置身於一個「孤島」之上。這種狀態對孩子的身心發展會產生十分不利的影響。

　　總之，一個人一生的成功、幸福與否，與人緣的好壞有著莫大的關係。好人緣要從小培養。一個人緣好的孩子，必定人格健全、個性和善、口才優秀 —— 這些素養父母若不從小有心培養，等孩子長大了就難以再找回。父母是孩子的第一個交流對象，也是孩子的啟蒙老師。主動與孩子交流，及時滿足孩子的各種需要，並協助、引導孩子學會如何與人交流，這些都是家長義不容辭的責任。

來自季辛吉的啟示

亨利・季辛吉（Henry Alfred Kissinger）是一個長袖善舞的外交家，他從一九七三年至一九七七年任美國國務卿。半個世紀冷戰中最為動盪的歲月，為這位國際政治大師提供了氣勢恢宏的時代背景，他非常成功地向世界證明，國際外交確實是一門需要最高智商的藝術。

季辛吉在敵人、對手和朋友中穿梭、談判、握手，以精確的計算和驚人的頑強意志向目標推進。大多數時候，他都取得了成功。有評論說，季辛吉是美國歷史上第一個搶盡了兩位總統風頭的白宮幕僚。一九七一年七月，季辛吉主導了著名的「乒乓外交」，作為尼克森（Richard Milhous Nixon）總統的特使訪華，為中美外交恢復關係做出了歷史性貢獻。

季辛吉退休之後，並沒有待在家裡享清福。他廣泛遊走於非洲、拉美、亞洲的各個角落，用他自己的話說：「我要用我的交流能力，在世界各國公民之間傳遞友愛和快樂。」由於他對世界和平事業的突出貢獻，在一九七三年被授予諾貝爾和平獎，又於一九七七年被授予美國總統自由勳章。

季辛吉始終認為，透過自己積極的穿梭交流，可以為許多孤獨的人帶來快樂，而自己也從中得到了莫大的喜悅。毫無疑問，季辛吉具有超級交際能力以及隨之而來的無敵人緣。不過，這些交際能力並非是與生俱來的。

第一章　交際能力攸關孩子一生

　　小時候的季辛吉，並不擅長與別人相處。他有點內向，只熱衷於指揮自己的錫兵們打仗。季辛吉的母親覺得奇怪，就指著窗外一群玩耍的小朋友，問他：「孩子，你為什麼總是一個人玩呢？」

　　小季辛吉頭也沒抬，擺弄著地上的錫兵說：「可是，我覺得一個人玩很開心啊！」母親想了想，默默地走出了房間，留下小季辛吉一個人在玩。

　　過了一會，母親帶了五六個孩子回來，他們每個人的手裡都拿著自己心愛的玩具，有汽車、馬車、大砲，還有艦船……幾個孩子把這些玩具擺開，分成兩派，玩起了作戰遊戲。

　　小季辛吉看到了，覺得很有有趣，母親就對那些孩子說：「為什麼不讓小季辛吉一起參加呢？」

　　孩子們毫不猶豫地說：「來吧，歡迎加入！」

　　小季辛吉看到大家熱火朝天的「戰鬥」，本來就心裡癢癢，見他們邀請，就拿著自己的錫兵興致勃勃地加入陣營。在與其他孩子們的遊戲中，小季辛吉體驗到了他從來沒有過的歡樂。

　　後來，季辛吉長大了，先是成為一名國際關係專家，繼之又成為美國的國務卿和諾貝爾和平獎得主。他始終都認為，童年的這次經歷對他的改變非常大。正是那次經歷，使他體驗到了與別人相處時的快樂；而長大以後，他也願意透過自己積極的努力把更多的快樂帶給別人！

現代社會，交際能力已經成為個人事業成功的重要因素。實踐證明，凡有大成就者都具有良好的交際能力。這種能力，其實就是理解他人的能力，比如如何去感受別人的情緒，了解他人，然後在此基礎上再溝通與合作等，達到自我提升、自我發展。

對孩子來說，交際能力包括以下表現：能夠安靜地聽別人講話，理解、安慰和關心別人，喜歡和朋友玩耍等。這些能力需要家長耐心培養。家長不能誤認為孩子天生個性內向，不愛說話。其實，每個孩子都具有可塑性，如果家長不培養孩子的交流能力，孩子難免會發展成獨來獨往、唯我獨尊的人，長此以往，孩子的心理就會扭曲，並影響其他方面的成長。

你的孩子交際能力如何

如果我們注意從小培養孩子的交際能力，你就會發現孩子將在許多方面受益：

- 他將成為一個自信、樂觀、豁達的人。
- 他將成為一個心胸寬廣、寬容大度、心理健康的人。
- 他將懂得如何愛別人，也懂得如何得到別人的愛，將擁有許多真摯的朋友，也將會擁有一個幸福的家庭。
- 他將具備很強的與人合作的能力，具有很強的影響力，甚至具有領袖氣質，這些能力將會使他的事業如虎添翼。

第一章　交際能力攸關孩子一生

如何評價自己孩子的交際能力呢？很多家長喜歡走兩個極端：要麼把自己的孩子誇得花朵一樣，要麼把自己的孩子貶到塵埃裡。以下是客觀評估孩子交際能力的四個標準 ——

二至三歲

- 會說「謝謝」、「再見」、「晚安」等最基本的問候語。
- 能和爸爸、媽媽等親人表示親近，對人有禮貌。
- 至少擁有一個友誼已維持了三個月以上的朋友。
- 能主動歡迎來訪的小朋友，能微笑著和客人說話。

三至四歲

- 至少擁有一個好朋友，而且友誼已保持了六個月以上。
- 能夠依據陌生人的年齡、衣著等特徵準確稱呼他們。
- 尊敬父母及長輩，和別人說話語氣溫和。
- 願意把自己的食物或玩具和小朋友一起分享。

四至五歲

- 能自然地和異性小朋友接觸，願意跟大人交朋友。
- 當小朋友有困難時，能主動幫助；父母生病時能產生同情。
- 做錯事能主動認錯道歉，開始知道有事與人商量。
- 能替父母接聽電話。

五至六歲

· 至少有一個知心朋友，並能學習朋友的優點。

· 能原諒別人對自己做的錯事，會為別人高興，也能分擔別人的痛苦。

· 對一些地位低下的人也能表示尊重。

· 學會簡單的「察言觀色」，即理解別人透過表情、語調、手勢、眼光等表達的意思。

交際能力要從小培養

據心理學家多年的研究，許多成年人不善交流、拘謹的個性可以追溯到他的幼兒時期。如果孩子的拘謹、不善交流在幼時得不到解決，那麼他的不合群、不愛與他人交流的個性將會妨礙他今後事業的成功。可見社交能力是人的一生當中很重要的內容之一。許多家長都深諳其理，而且也會因為孩子不懂得謙讓，不善於與同伴交流、合作而傷腦筋。那麼，我們在日常的家庭教育中，如何培養孩子善於交流的能力呢？

第一，要創造良好的家庭交流環境。在家庭中，家長應該創造民主平等、親切和諧的交流氛圍。所謂民主平等，意味著以父母為中心和以孩子為中心的方式都是不可取的，父母應當成為孩子的朋友，要讓孩子敢說、愛說，有機會說

話。家庭中的大小事，孩子能理解的，應該讓孩子知道。適當地讓孩子參與成人的某些議論，有利於樹立孩子的自信心，使孩子敢於與成人交流。家庭中有關孩子的一些問題，更應該聽聽孩子的意見，看看孩子的想法，不要一味地只是家長說了算。

第二，要給孩子提供更多的社交機會。家長應適當地帶孩子進入自己的社交圈，讓孩子到外面去串門，找其他小朋友玩耍，也應該允許自己的孩子邀請朋友到家裡來做客。家長可以指導孩子怎樣和同伴一起玩。例如，家裡買了新的玩具，家長可提醒孩子請鄰居家的孩子來一起玩。別的小朋友上門來玩，家長要表示歡迎，消除他的恐懼心理，還要請自己的孩子拿出好吃的東西招待他，拿出好玩的東西分享。讓孩子有充分的時間和小朋友們交流，得到更多的交流機會，體驗到和同伴交流的樂趣。

第三，要主動教孩子社交技巧。為了幫助孩子成為受同伴歡迎的人，在社交中得對快樂，家長應有意識地教給孩子一些交流的技能。簡單地說，這些技能包括：

- **培養孩子的禮貌習慣，學會尊重別人，平等待人**：父母應讓孩子在交流中學會使用禮貌用語，如「請」、「謝謝」、「對不起」等，告訴孩子只有懂得禮貌的人，別人才願意和他一起玩耍，才肯把心愛的玩具借他玩。對

孩子在活動中禮貌語言用得好的時候要及時進行鼓勵、稱讚，強化孩子的禮貌行為，形成良好的禮貌習慣。

- **讓孩子學會容忍與合作**：在交流中，遇到與自己意願相悖的事，家長應教育孩子學會忍讓，與同伴友好合作，暫時克制自己的願望，服從多數人的意見。例如，幾個孩子在一起商量做什麼遊戲，大家都說玩動物園的遊戲，而自己的孩子卻想玩扮家家酒，此時，家長就要教孩子克制自己的願望，和同伴們一起高高興興地玩動物園的遊戲。這樣才能使交流順利進行。

- **學習遵守集體規則**：孩子們在交流時，會自己制定一些規則來約束每個人的行為，誰破壞了這些規則，誰就會受到集體的排斥。只有自覺遵守集體規則的人，才能得到大家的喜愛，也才會有更多的朋友和他一起玩。

- **培養孩子樂於助人的特質**：孩子們在人際關係中常常會碰到一些困難，家長不僅要鼓勵孩子自己想辦法解決問題，同時還應支持孩子幫助其他的朋友克服困難，如朋友摔倒了要將其扶起來，同伴的玩具不見了要幫著去尋找等。要讓孩子知道樂於助人的人就會有很多的朋友。

此外，家長應注意，多稱讚孩子那些符合社會期望的好行為，如合作與分享行為，還可利用看電視、看書以及與別人一起玩等機會，及時發現可供孩子模仿的榜樣，利用榜樣

的力量，引導孩子與同伴積極交流。

如跟我們在前面所提到的季辛吉的母親一樣，家長在孩子幼小的時候就有意識地培養他們的社交意願，教給他們社交技能，對孩子來說將是終身受益的。

孩子為什麼缺少朋友

對很多人來說，一生中最親密、最長久的友情大都是在孩提時代建立起來的，因此家長應多提供機會讓孩子們能經常在一起接觸、交流，做孩子友誼的引路人。共同的愛好是友誼的基礎，家長可以有意識地培養孩子某方面的專長，使孩子能利用這種專長充滿自信地去結交朋友。同時，還要引導孩子發現朋友身上的優點，取長補短，而對於朋友的弱點要引導孩子幫助他一起克服，從而建立純真的友誼。

如果一個孩子沒有多少朋友，有很多原因，比如：

- 有的孩子總以自我為中心，喜歡自我表現，愛搗亂、愛逗能，總想指揮別人，這樣就會引起別的孩子對他產生厭惡，不愛跟他交朋友；

- 有的孩子個性內向，不善於主動結識別人，因此朋友很少，甚至沒有朋友；

- 有的孩子攻擊性太強，老是欺侮別的孩子，這樣當然不會交到朋友；

‧ 有的孩子獨立意識過強，認為靠自己的個人力量足以處理好一切事務，不需他人的友誼和援助，這類孩子也很少交到朋友；

……

總之，原因是多方面的。身為家長，可以從以下幾方面進行引導：

首先，弄清楚孩子交不到朋友的原因。孩子為什麼交不到朋友，是因為太膽小？太霸道？還是對人沒禮貌？或者是在設法躲避？了解了孩子交不到朋友的真正原因，才能對症下藥幫助孩子交到朋友。如果是因為孩子害羞、個性內向等原因造成的，那麼家長可以用一些具體的方法來幫助孩子改變。比如創造機會讓孩子與生人交流，讓孩子試著接待客人，或是讓孩子到附近的超市買點東西。要盡可能在孩子小的時候就開始這麼做，這樣，在逐漸的訓練中，孩子才能學會與人交流，才能主動與人交流，也為以後獲得友誼打下基礎。

其次，要鼓勵孩子多去發現別人的優點和長處，向別人學習。這對於那些喜歡動輒指責同伴而不容易交到朋友的孩子來說尤為重要。要鼓勵孩子包容別人，並且要引導孩子多站在別人的角度設身處地為對方著想，較好地理解身邊的人，避免用過於挑剔的眼光評價朋友，這樣孩子就會成為一個善解人意的「朋友」，同時他也能獲得朋友。

再次，還要注意培養孩子的愛心。愛是人的情感的表現，是高尚的道德情操。在社會生活中，具有愛心的人才能獲得良好的人際關係，因此我們要從小就培養孩子高尚的情操，學會如何去愛。從愛自己、愛家庭、愛別人開始，透過具體的行動培養，使孩子逐步體驗到人類最寶貴的情感——愛，進而學會如何愛。有了愛心的孩子就更容易贏得朋友的愛心和友誼。

　　除此之外，也可以教給孩子一些與人交流的技巧，這樣有助於幫助孩子獲得友誼。除了具體的言傳身教之外，大人還可以引導孩子閱讀一些淺顯易懂的關於基本溝通技巧方面的圖畫、故事，或是鼓勵他主動向別人請教問題，參與別人的聊天，等等。

幫助孩子找到朋友

　　孩子自出生後，就會表現出與人交流的需要：當媽媽餵嬰兒喝奶時，用「呵呵」的聲音與嬰兒交流，孩子會用眼睛看著媽媽或以笑作答，這是親子之情的流露和表現；孩子也非常喜歡跟朋友交流，即使不認識，只要碰在一起，八九個月大的嬰兒便會互相摸抓，以表示親熱；年齡大一點的孩子，則因為有共同的樂趣、相互能懂的語言，很自然地在一起玩耍。而且當孩子的這種交流需要得到滿足時，往往特別高興。

　　心理學家加德納提出，人際交流是一種基本智慧。最近，國際二十一世紀教育委員會提出，交際能力是教育的四個支柱之一，兒童早期的人際交流技能、交流狀況會深深影響其未來的人際關係、自尊，甚至幸福的生活。

　　有位教授曾言，讓孩子擁有自己的朋友比擁有好的課業成績更重要。孩子有了自己的朋友，才會有更多的生活體驗，學會如何與人相處，如何關心和幫助他人，如何解決與他人的矛盾，如何向別人學習……這樣孩子才能從中獲得交流的快樂，也才能有健康的人格。

　　在這個合作的時代裡，沒有人能離開群體，能離開人際交流。孩子也是如此。沒有朋友的孩子，其內心勢必會產生對友誼的極其渴望，行為上的孤僻與內心中的渴望容易造成孩子個性的扭曲。孩子只有擁有了自己的朋友，他才可能有健康的人格。

　　有個學生名叫王小龍，成績非常好，曾拿了全國中學生化學奧林匹克競賽第一名，因而被保送到頂大化學系。在他讀大學三年級的時候，因犯故意殺人罪被判處有期徒刑十一年。

　　王小龍從小就只知道讀書，不會交流，沒有朋友。到大學三年級後，他發現沒有朋友很難生活。他就和同宿舍的一個男同學形影不離，兩個男生天天黏在一起，別人覺得很奇怪，於是議論紛紛。出於某種壓力，那個男生就不和他來往

了。他很生氣，要報復那個男生，於是弄來一種劇毒的化學物品——鉈，投放到那個男生的牛奶杯中……

王小龍是一個很好學的孩子，為什麼會犯下故意殺人罪呢？他的父母有沒有問題呢？他的父母並沒有意識到孩子缺乏朋友的危險性，沒有意識到孩子有心理上的障礙。

心理學家們普遍認為，人際關係代表著人的心理適應水準，是心理健康的一個重要標誌，而人際交流不良常常是心理疾病的主要原因。缺少正常人際交流的孩子，往往會表現出如下適應困難：拘謹膽小、害羞怕生、孤僻退縮，或以自我為中心、不能合作、任性攻擊。而人際交流中的尊重、分享、合作、關心則是預防和治療這類心理問題的靈丹妙藥。由此可見，從小培養孩子具有良好的交際能力和水準，對促進其心理健康發展、預防各種心理疾病有著積極而重要的意義。

拓展人緣的幾個迷思

俗話說：千里難尋的是朋友，朋友多了路好走。話是這麼說，但朋友是否真的就是越多越好呢？

——非也。朋友很多，很容易變得光有數量沒有品質。如果孩子有很多朋友，但沒有幾個相對穩定的好朋友，也要反省孩子是不是在交流上出了問題。孩子和朋友的交流也需

要一定的基礎，例如彼此真誠對待、能和朋友分享、能愉快地玩在一起等。在孩子的交流中，能不能維繫友誼才是交際的關鍵。

有些家長很「精明」，經常會對孩子的交友狀況把關。他們是怎樣把關的呢？很簡單，要求孩子只和比自己強的孩子交朋友，不和笨小孩、調皮小孩玩。然而，究竟什麼樣的小孩「強」呢？其實，尺有所短、寸有所長，每個人都有自己的弱項和強項。即使孩子的朋友在某個方面不如你的孩子，但別人的長處仍是值得去學習的。除了讀書上「聰明」，對人有禮貌、能替別人著想等好的特質也應該學習。

有些家長，在孩子交流問題上表現得比較好面子，有時會擔心孩子不會交流或交流不好，就索性代替孩子交流。例如，有個媽媽虛榮心很重，每當她帶著孩子見到熟人時，孩子還沒有說話，媽媽就先開口：「我們家孩子膽子比較小、內向、羞怯。」其實，媽媽就是擔心孩子說話笨嘴笨舌，說得不得體而讓她沒面子。這樣一來，孩子本來想要說的話也不敢講出口。還有些家長護犢心切，自己的孩子一旦與別的小孩有糾紛，就立刻上前代為解決。當家長代替孩子交際、交涉的時候，實際上導致孩子損失提升自己交際水準的機會。

有些小孩不拘小節，待人接物不注重細節。而家長誤以為這樣的孩子「個性開朗」，將來好人緣不成問題。其實，一個不懂得彬彬有禮的人，是很難在人際關係中受到大家的

尊重與擁護的。彬彬有禮不是天生就有的，而是從小培養起來的。您的孩子越早擁有禮貌的態度，他就越容易被別人接受。

第二章

怎樣讓孩子樂於結交朋友

結交朋友是發展幼兒社會性的重要途徑。幼兒只有在與同伴、成人的友好交流申，才能學會在平等的基礎上協調好各種關係，才能正確地認識和評價自己，形成積極的情感，為將來正常地進入社會，更好地適應社會生活打下基礎。因此，讓幼兒學會交際是家長義不容辭的責任。

許多年輕的父母，他們最為苦惱的是孩子自己來到陌生的環境、接觸或者見到生人感到恐懼。這些孩子交友有困難，如果能給予適當的指點和幫助，就會改變這種狀況。

那麼，家長究竟該如何培養孩子的交際能為呢？

培養孩子的「利社會行為」

在交際能力這方面，西方素養教育的效果非常明顯。因為，西方的教育人士強調培養孩子從小就具有「利社會行為」。

「利社會行為」是心理學中的一個術語，是指人們在共同的社會生活中表現出來的謙讓、互助、協作和共享的有益行為。通俗地說，就是利他行為和助人行為，它並不企圖得到任何的報酬或獎賞，目的只是在於為他人或大多數人謀利益，是高度社會化了的行為。我們的社會要發展和進步，就需要這些高度社會化了的人們來推動，成功的社會化可以使我們個人與我們所屬的群體之間協調一致，遵守社會規範，

維持社會秩序，恪守道德標準，承擔公民義務，發揮社會積極性。反之，缺少「利社會行為」的人難以自覺地形成高尚的道德觀念，甚至會一味追求個人利益而違背道德、違反法律，出現反社會行為。

隨著獨生子女的增多，家長們對孩子都是百般呵護，生怕孩子吃虧，更別提去教育他們關心、幫助別人了，從而讓孩子變得自私，無法面對以後的人際交流。這樣的教育肯定是失敗的。因此培養孩子從小就具有「利社會行為」，對於孩子的一生是有很大幫助的。

孩子的「利社會行為」不是一生下來就有的，按照皮亞傑認知學派的觀點，幼兒是不可能有一心為公的「利社會行為」的。他們的認知是以自我為中心的，他們只能站在自己的立場上來看待周圍的事物。

情景一：在幼兒園裡，老師做了一個有趣的實驗，給班上一半的孩子一些食物和玩具，然後要他們把這些食物和玩具分給坐在自己旁邊的小朋友。這時老師發現大部分孩子都是把最好吃的食物、最好玩的玩具留給自己，而把自己不喜歡吃的、不喜歡玩的給別的小朋友。儘管別的小朋友投以渴望的目光，他們也視而不見。

情景二：媽媽給了露露好多巧克力，露露非常高興。這時，鄰居家的娜娜來到露露家玩，看到露露在吃巧克力，就

向她要，但是露露不給，說：「巧克力是我媽媽給我的，你想吃也找你媽媽要去。」娜娜不依，一定要吃，見露露不給她，就坐在地上哭了起來。露露的媽媽聽見哭聲趕緊跑了過來，拿了一些巧克力給娜娜，這時露露表現出非常的不樂意。

　　孩子在幼兒時期，還沒有形成利他的觀念，他們看到什麼東西都認為是自己的。比如當鄰居家的小孩來家裡玩時，他們會隨手拿東西玩，如果你要從他手裡把東西拿掉，他肯定不會就此罷休，因為他已經把這視為自己的東西了，就像上面所說的兩個情景。由此可見，孩子小的時候確實沒有「利社會行為」，只有在後天才能加以培養。

　　兒童的個體社會化發展貫穿於孩子成長的整個過程，而「利社會行為」則是極其良好的特質，也是孩子成長的重要指標。那如何來培養孩子的這一特質呢？下面一些方法，你可以根據自己的實際情況加以參考。

- **移情訓練法**：移情也是一個心理學術語，是指我們對另一個人在某一種特殊情景中的情緒體驗的理解和分享。通俗地說，就是設身處地為他人著想，理解他人的感情並產生共鳴。移情訓練，就是要培養孩子善於體察別人的情緒，理解別人的情感，從而與之達到共鳴，這其實也是一種培養孩子愛心的訓練。

在日常生活中，或者跟孩子玩遊戲時，或與別人的交流中，有意識地讓孩子設身處地、將心比心地體會別人的情感，這樣才可以引導孩子用自己的實際行動來關心別人，發展自己的「利社會行為」。

- **行為練習法**：孩子有了移情之後，是否能夠產生真正的行動還不一定。心理學家的研究顯示，孩子移情能力提升後，他們的利他行為，如把自己的食物分給別的小朋友的謙讓行為卻沒有完全養成。這就提醒父母們，從有同情心到有社會行為，也就是從理解別人的困難、同情他人的處境，到幫助別人解脫困難之間，還存在著需要轉化的過程。或許你的孩子在遊戲中，願意把自己的玩具分給其他小朋友，但一旦回到真實情境中，別的小朋友要他的玩具玩時，他卻不願給。所以，要真正培養孩子的「利社會行為」，還必須在現實生活加強對孩子行為的訓練。

- **精神獎勵法**：在培養孩子的「利社會行為」過程中，有一點要注意，就是不能用物質獎勵來強化孩子的結果。為什麼要強調這一點呢？這與「利社會行為」的定義有關，因為「利社會行為」是利他行為，必定是以厚人薄己的結果而告終。如果我們在孩子的「利社會行為」後面，緊跟著進行物質獎勵，很容易使孩子「利社會行為」的動機變得不純正，其結果也不穩固。一旦沒有獎

勵，他們的「利社會行為」也許馬上就會消失。但是，要孩子從只想到自己，到完全為了別人，轉變這麼大，沒有外力的推動也是難以做到的。因此家長們可以用精神獎勵法來鞏固孩子的「利社會行為」，給孩子一些口頭稱讚，在幼兒園裡則在榮譽榜上給孩子貼一顆星星。

人類文明越來越發達，人們卻感嘆世風日下，人心不古。有人在大街上被歹徒毆打，圍觀者數百人竟無一人去相救，去報警；有個小孩落水了，救人者竟然先要談好價錢才肯下去救人；小偷在車上偷錢包，有人看見了也是視若無睹……這樣的事實著實讓人寒心。

在人與人的交流中，如果每個人都自私自利，只為自己著想，那我們的社會還能進步嗎？孩子是我們的希望、社會的未來，為了讓我們的社會充滿愛心，人與人之間互幫互助，不再發生令人齒寒的事情，親愛的家長們，好好地培養孩子的「利社會行為」吧！

多讓孩子參加團體活動

與其父母苦口婆心來教育孩子如何結交朋友並與之相處融洽，不如讓孩子在真實的社交中去學習與領悟。心理學家認為，同伴對指導或訓練兒童掌握社交技巧、幫助孩子走出孤獨的困境具有特殊的作用。因為某些技能，兒童是無法在

成人那裡學到的。

在團體活動中，孩子與同齡的朋友們打交道的過程裡，孩子會學到許多社交能力，如組織、合作、理解、溝通、尊重等。

科菲・安南（Kofi Atta Annan）是聯合國第七任祕書長，他於一九九七年一月就職後，便積極開展協調活動，周旋於世界各個國家之間，為世界的和平發展作出了傑出的貢獻。人們評價他是一位「使聯合國更接近人民」的聯合國祕書長。

但是安南並不是生來就是一個組織能力如此強的人。安南出生在非洲的加納，很小的時候就被父母送到美國上學，住在美國的叔叔家裡。在他的那所學校裡，黑皮膚的孩子很少，他很少有玩伴，因此顯得很孤獨。同年級有幾個好事的白人男孩，總是因為他的膚色欺負他。

有一次，學校裡舉辦少年籃球比賽，小安南也報名了，在比賽中他表現出了很嫻熟的技術，帶球過人、分球、投籃，和夥伴們一起一路闖進了決賽。在決賽中他面對的對手正好是那幾個經常欺負他的男孩。

決賽開始了，這是一場激烈的比賽，小安南照樣表現得很優異，他接連投進了幾個球，使本隊的得分超過了對方好幾分。就在這時，那幾個白人男孩急了，其中一個男孩趁著裁判不注意的時候，用肘部狠狠捅了小安南一下，小安南感到一陣劇痛，但是他還是強忍著疼痛堅持打完了比賽。

第二章　怎樣讓孩子樂於結交朋友

　　雖然最終贏得了比賽，但比賽之後，小安南迴到家裡，見到叔叔就哭了：「我再也不想去那裡上學了。」

　　叔叔了解了事情的經過後，問他：「上學可以使你成為一個有用的人，你將來想做什麼呢？」

　　小安南說：「我想成為一個受全世界尊重的人，不讓我們再因為膚色受到別人的歧視。」

　　「那你就不該為這點小事而打退堂鼓，而應該積極加入他們，影響他們，讓他們熟悉你、了解你，然後你才能夠贏得尊重。」叔叔鼓勵他說。

　　小安南記住了叔叔的話，從那以後，面對學校的團體活動時，他不再像以前一樣總是孤單地站在一邊，而是積極參加各項活動，大家很快就發現這個看起來很孤僻的黑孩子其實口才很好，組織能力也很強，是一個很出色的組織者。

　　就這樣，小安南漸漸贏得了大家的尊重。高中畢業之後，他考入麻省理工學院，獲得管理學碩士學位。根據自己的意願，他進入聯合國工作，憑藉著自己出眾的組織能力與影響力，他最終當選為受全世界人民尊重的聯合國祕書長，為世界的和平與發展作出了很大的貢獻。

　　父母應教育孩子多參加團體活動，使之融入到集體生活中，在團體活動中做一些自己能做的事情，增加與朋友們的交流和對自己的好感與信任。應教育孩子在團體活動中，多於事情，少指揮人。如果一個人自己不做事，卻喜歡指揮別

人，那麼朋友們就會對他產生反感，直至討厭與他交流。在團體活動中還應尊重別人，當別人遇到困難時，主動幫助別人，這樣能贏得更多的朋友。如果有的人對自己態度冷淡，也不必介意，繼續友善地和他相處，久而久之，他就會對你熱情起來。

父母還應鼓勵孩子參加各種體育活動。體育是直接與人正面接觸和競爭的群體活動，總是要有兩個以上的人參與才有意義，更重要的是，體育活動不但需要智慧和力量，也需要膽量。這膽量，正是人際交流所必需的要素。孩子一旦愛上體育，就會主動尋找對手，這種尋找，就是交際；合適的對手，往往就是具有深厚友誼的夥伴，多與之交流有利於提升交際能力。

培養孩子的競合意識

現代社會變得越來越和諧與有趣，人與人之間常常會出現所謂的「競合」關係。比如，你在公司的業務部當業務員，與同事既存在著各自業績的競爭，同時又存在為公司整體利益的合作。而企業與企業之間的競爭，也逐漸充滿了更多的「合作」元素，如可口可樂與百事可樂的競爭，結果是在全球共同打造出一個龐大的碳酸飲料市場；肯德基與麥當勞的競爭，也是如此。

第二章 怎樣讓孩子樂於結交朋友

可見，良性的競爭關係大都隱含了合作關係，因此在指導孩子學會競爭的同 時，也應該教會孩子學會合作。合作是以開朗、寬容、善解人意等良好的心理素養，以能先人後己、富有一定犧牲精神和奉獻精神為基礎，能為他人著想的良好道德品性。學會合作，不只是一種認知、一種意識、一種情感、一種態度，更表現為一種行為和能力，是一個人的道德品性和心理素養的統一體。培養孩子學會合作的美德，不僅有利於提升孩子的道德素養、心理素養以及與人共事的能力、適應社會發展的能力，也有利於提升孩子的社會化程度，有利於推動社會的發展和進步。

獨生子女是全家人關注的中心人物，他們也自覺身價百倍，從而滋長特殊化的思維、心態和個性，諸如破壞性大、脾氣大、孤僻、不合群、與人合作能力差等。有些家長視孩子為不可多得的明珠珍寶，拿著怕丟了，含著怕化了。因此他們對孩子是百般順從和遷就，結果使孩子只知道自己，很少想到家人、父母和夥伴們，逐漸養成了以我為中心的不良心理狀態。這不僅會使孩子脫離周圍的朋友和歡樂愉快的生活，而且也影響孩子的進取心，損害他們的身心健康。據對任性、個性孤僻、不合群的孩子的學業狀態做的調查，這些孩子成績好的僅占百分之四，成績不好的卻占百分之十六。有人還曾對有自殺行為的六十八名孩子進行調查分析，結果

發現有百分之六時的孩子都是心理不健康的。

　　家長們應指導孩子在這個競爭很激烈的社會裡學會合作。在家中，首先要注意淡化孩子的自我中心感，不讓他覺得自己很特別，引導孩子與其他家庭成員、鄰居、別人家的孩子平等相待，友好相處。家裡有什麼好吃的，要想著與人分吃，還應該想到讓給長輩、大人。家裡來了客人，要請客人先吃。使孩子懂得大家為自己服務，自己也要為大家服務。

　　要鼓勵孩子和朋友們交朋友，有玩具大家玩，有好吃的也分給其他孩子吃。誰有困難就去幫助，讓孩子在互相接觸、互相交流中交流感情，增加知識，互相了解。不要怕他們產生矛盾，即使有了矛盾，也要透過引導讓他們自己在相互交流中去化解矛盾。在孩子與夥伴交流中，還應該教育孩子要平等待人，遇事無私，言而有信，嚴於律己，寬以待人，尊重他人，不可以輕易地懷疑、怨恨、敵視他人。

　　要引導孩子積極參加團體活動。要讓孩子懂得自己僅僅是一滴小小的水珠，只有匯入集體的江河之中才會有力量的道理。以我為中心的孩子，在團體活動中，和夥伴相處中，可能會出現不順利、不愉快的現象，這也不要緊，只要經歷幾次以後，孩子就會融入在集體中。在與同伴們的相處中，一定要讓他們學會心中有他人，想著他人，從而使他逐步獲得與人相處的經驗。

抓住日常生活中的教育契機

孩子的人際交流智慧是在潛移默化的培養中發展的。因此，除了為孩子設計有針對性的人際交流教育活動外，父母更應抓住日常生活中的教育契機，自然而隨機地進行教育，讓孩子在與人共同生活、共同解決問題、共同完成任務的過程中感到樂趣，養成對人、對事的積極態度，學習交流策略，發展交流能力。

身為家長，應在家庭中創造一個平等和諧的交流氛圍，要培養孩子敢說話、愛說話的習慣和能力。家長不要擺出「父（母）道尊嚴」的面孔訓斥孩子。

孩子是天生的模仿大師。在孩子身上的一切優缺點，實際上都可以在其家長身上找到來源。身為家長，只有不斷提升自身素養，才能為孩子的人際交流提供模仿和認同的良好榜樣。

專家建議，家長要深刻了解孩子的興趣、關注點、學習方式、原有經驗等，給予適合孩子發展需求的、具有個性化、建設性、實效性的教育關懷。同時，家長要給孩子充足的與其他成人交流的機會，幫助孩子建立對周圍人們的親近感、信任感，對周圍環境和事件的可控制感。

總之，將教育貫徹在日常生活、遊戲和各種事件中，自然而隨機地培養孩子的交際能力，是提升孩子社交能力的最佳方法。

透過做客提升孩子的交流能力

因為父母做生意十分忙碌，樂樂出生後就跟爺爺奶奶生活在一起。爺爺奶奶因為行動不便，極少出門。三歲那年，樂樂上幼兒園了，但總是和其他小朋友格格不入。樂樂不愛說話，也不怎麼與別人交流。她總是一副悶悶不樂的樣子，幼兒園的老師嘗試了很多方法，試圖讓樂樂「樂」起來，融入班級、融入集體，但樂樂就是不配合。

在樂樂要上中班前的那個暑假，樂樂的爸爸媽媽忙碌的生意告一段落，回到了樂樂身邊。因為長時間在外地打拚，沒有充裕的時間走親訪友，現在終於「自由」了。他們今老同學聚會，明天訪恩師敘舊……忙得不亦樂乎。

每次出門做客，樂樂的父母總是要帶上樂樂。一個多月的暑假很快就過去，樂樂開始上中班了。幼兒園的老師驚奇地發現：原先那個悶悶不樂的樂樂，突然像變了一個人似的，開朗而又活潑，並且樂於助人。這是什麼原因呢？

幼兒園的老師在家訪後才知道：是樂樂父母在無意中提升了樂樂的交際能力。原來，樂樂原先的不合群，是因為她不知道要如何做才能和朋友們相處融洽。暑假期間，樂樂的父母帶她到親朋好友家做客，正好增加了樂樂的社會經驗，鍛鍊了她人際交流的能力。一旦樂樂掌握了這些本領，她就變得樂於與人打交道了。

第二章　怎樣讓孩子樂於結交朋友

有些家長之所以不願意帶自己的孩子外出做客，是害怕孩子亂說亂動失禮，導致聚會不歡而散，令父母難堪。應該說，有這個擔心也很正常。但只要家長注意以下幾點，就能在很大程度上避免上述難堪。

首先，在做客前細心指導孩子。具體包括：

- 向孩子提出要求，明確在外做客時應有的禮貌舉止。要讓孩子知道在外面做客和在家裡做小主人不同，各家的生活習慣和規矩是有區別的，要守規矩懂禮貌，別人家的東西未經允許不能隨便拿、翻，有些事情不可自作主張。

- 介紹孩子主人家的情況，尤其應介紹對方家裡孩子的情況和如何稱呼等，如對方家裡的孩子是哥哥姐姐要尊敬，是弟弟妹妹要愛護。

- 指出孩子之間玩耍時的注意點：小客人一定要尊重小主人的意見，要多用商量、徵求的口吻，如：「好不好？」「可以嗎？」「我能玩一下嗎？」……並可根據自己孩子的個性特徵重點強調某些要求。如孩子平時好強，事先就要告訴孩子與朋友玩時要謙和、忍讓；有的孩子較膽小，家長要鼓勵孩子不要害怕，如「大哥哥很喜歡你，我相信你會和他玩得很開心」。

其次，在做客時小心指導孩子。做客過程中父母也要關心自己的孩子，不能任憑孩子自己玩，放手不管。可從側面觀察孩子在與朋友玩耍中的情況，做一些適當的指點、暗示，幫助孩子矯正一些不適宜的言行舉止。如果朋友之間發生了爭吵、矛盾，可以在大人的提醒下，讓孩子自己去解決。如果發現是自己孩子做得不對，也可把孩子帶到一邊，慢慢講道理，善意地提出要改進的地方，並指導孩子該怎麼做。如需要道歉的話，也應鼓勵孩子勇敢承認錯誤，言歸於好。如果發現錯誤不在自己孩子，並吃了虧，大人也要心平氣和地對待，告訴孩子「你沒有錯，但我們是客人，能謙讓就謙讓」。如果真的沒辦法一起玩，可暫時把孩子帶開。

最後，做客後及時作出評價。這一點經常被許多家長所忽略。對孩子在做客時與朋友相處時的表現要及時地評價，明辨哪些行為是好的，加以肯定；哪些行為不應該，指出為什麼，今後應該怎麼做，讓孩子改有方向。如果孩子的表現實在令人失望，再三告誡也不聽從，也可以取消下次做客機會，並明確告訴孩子「等你知道怎樣做客、怎樣對待朋友時，我們才能帶你去，否則主人不會歡迎你的」。帶孩子在外做客，對孩子來說是他們喜歡的活動，這樣的懲罰也可作為正面教育的補充方法，相信也能造成一定的效果。

培養孩子的社會交流能力，家長一定要放開手腳，多帶孩子出門參加社交活動，孩子只有經歷種種「大場面」才

能鍛鍊他良好的交流素養。可以帶孩子參加讀書會、社區活動等，還可以經常帶孩子走親訪友，或把鄰居小朋友請到家中，拿出玩具、糖果、圖書，讓孩子和小朋友們一起看書、玩玩具、吃糖果。要讓孩子逐漸養成熱情待客的良好習慣。

家中來客時，也不妨讓孩子參與接待，做些力所能及的事情。如讓座、倒茶、談話……切忌一味將孩子趕走，要讓孩子在交流中學習交流。這樣將有利於消除孩子與人交流中的羞怯、恐懼心理。孩子長期耳濡目染，就會逐漸學會待人接物之道，使孩子增長見識、增強信心，在社會交流時就會變得落落大方。

不同血型孩子的社交培養

血型是一九〇一年被人們發現的。比較常見的血型分類是將人的血型分為 A 型、B 型、O 型、AB 型。日本學者古川竹二認為，在血型和個性、氣質之間明顯地存在密切關係。古川竹二畢業於東京大學心理學系，後在東京女子高等師範學校教書。他首先從熟悉的人開始進行觀察，從中得到了啟發，然後對一千兩百四十五名對象進行了調查，在一九二七年心理學研究會上發表了他的學說 —— 古川學說。他還曾在《心理學研究》雜誌上發表了《血型與個性學的研究》一文。他認為，不同血型的人具有不同的心理特徵。A

型：性情溫和，老實穩妥，多疑慮，怕羞，順從，常常會後悔，依靠他人，獨居少斷，感情易衝動。B 型：感覺靈敏，不怕羞，不易受事物的感動，擅長社交，多言，好管閒事。AB 型：外表是 A 型，內裡是 B 型。O 型：志向堅強，好勝霸道，不聽指揮，愛支使別人，有膽識，不願吃虧。

日本的另一位學者鈴木芳正，在《血型與男女交流》一書中，對不同血型的人的心理特點也進行了描述。

- **A 型**：順應性、直感、重感情、保守、善於思考、悲觀、神經衰弱。他們不善於理論上的推理和推論，但是他們可以一瞬間理解問題的實質。

- **O 型**：客觀、重理論、自卑感強、模仿性、現實、虛張聲勢、難以根治的神經衰弱。

- **B 型**：疏遠感強、主觀、愛衝動、不迷戀、生命力強、實做派、靠感覺。

- **AB 型**：優越感強、理性、自我顯示願望強、冷靜、滿不在乎、天才屬性、自相矛盾。

血型對人的氣質、個性有很大的影響，這個觀點正被許多人所接受。在教育孩子方面，針對不同血型的孩子，父母可以採取不同的對待方式。尤其是在對孩子人際交流智慧的開發方面，家長針對自己孩子的血型因材施教，更能有事半功倍的效果。

第二章　怎樣讓孩子樂於結交朋友

A 型孩子 —— 促使他早點獨立

　　A 型孩子比較膽怯，喜歡獨處，不願意和陌生人交流；但是 A 型孩子直覺很靈敏，善於自我調整，在未來的日子裡總是不斷地鍛鍊自己去適應環境。

　　在家裡，讓孩子獨立完成某些事情，不過度干涉。

　　父母還應為他創造一個良好的社交環境，可帶著孩子參加各種聚會活動。如果和一個小朋友約好了一塊出去玩，另一個小朋友又來找他，父母不妨給予適當的暗示：大家一起玩不是更好嗎？孩子從父母身上學到這些社交經驗，以後再遇到類似問題，就不會束手無策了。A 型孩子最大的優勢是慎重、細心、規矩，他在理工方面能學有所長。此外他還適合做些實務較強的工作，如教師、學者、工程師等。

B 型孩子 —— 讓他廣交朋友

　　B 型孩子樂觀開朗、無拘無束的個性在習慣的環境和熟悉的朋友中才會表現出來；B 型孩子天生對人有距離感，他們不願意參加團體活動，這會讓他感到難以與他人相處。

　　父母要以家庭為中心，逐漸擴展交流的範圍，廣泛地接觸各式各樣的人，可讓他和小朋友一起上幼兒園，一起回家，一塊玩耍。逐步培養他積極參與團體活動的精神，從而獲得一定的交際能力。

　　身為 B 型孩子的父母，自身也要與各種人交流，帶給孩

子更多與他人接觸的機會。

B 型孩子最大的優勢是個性開朗、思維活躍，從事藝術性較強的工作最理想，如服裝設計，其次是觀光旅遊、大眾傳播等職業領域。

O 型孩子 —— 教他遇事多與人商量

在四種血型中 O 型孩子的社交能力最強，他們長大以後在接觸新環境的過程中，頭腦非常冷靜，不易感情用事，能把每件事處理得井井有條。

但是 O 型孩子有時言行過於標新立異，表現出太多的獨創性，容易引起其他孩子的嫉妒。父母應提醒他多與周圍的小朋友交流溝通，協調好人際關係，引導他明白團結就是力量的道理。

O 型孩子最突出的優勢是身體素養好，意志堅強，具有較強的社交能力，在體育界、政界、外交界、服務業、推銷業中，他們會大有用武之地。

AB 型孩子 —— 鼓勵他自立自主

AB 型孩子很自信，反應靈敏，對其感興趣的問題往往愛追根究柢，具有持之以恆的決心。

當他進入陌生的環境中，他會表現出緊張不安；做什麼事情都會執著到底，直至成功。

對於 AB 型孩子，父母不必擔心他是否能適應社會，而是不要過分地寵愛和袒護他，使他失去自立自主的能力。可鼓勵他主動地幫助別人，如當別的小朋友生病時，可讓他主動去看望，或者多讓他經歷一些困難和失敗的考驗。

　　AB 型孩子最大的優勢是聰明，求知欲望和獨創精神強，在文學或音樂等藝術創作方面能發揮優勢。

提升孩子社交能力的角色遊戲

　　我們在第一章中提到過加德納的多元智慧理論，其中人際智慧是人類一項很重要的智慧，它有助於提升與人進行有效交流的能力。人際智慧需要透過人與人的交流，在溝通和合作中學習。角色遊戲是培養孩子人際智慧的重要方法。

　　在角色遊戲中，孩子們透過對現實生活的模仿，再現社會中的人際交流，練習著社會交流的技能，不知不覺中就提升了人際智慧。遊戲中，孩子們的行為要與所扮演的角色的行為相吻合，把自己放在角色的位置上，從角色的角度看待問題，並學會共同擬定和改變遊戲活動的主題。為了使角色遊戲成功地繼續下去，他們之間就要先協商由誰來擔任什麼角色，合作什麼象徵性物品及動作。

　　同時，在遊戲中還可以學習如何堅持自己正當的權利、要求，怎樣控制自己的言行，以符合遊戲規則。

因此，角色遊戲水準的高低能反映交流能力水準的高低及人際智慧水準的高低。

在玩遊戲的過程中，父母可以給孩子一些指導。比如在玩「家裡人玩紙偶」的遊戲時，父母可以教孩子，他看到的圖片就代表了該圖片所展示的人，也就是說，如果冰棒的棒子上貼著男人的圖片，那它就代表了爸爸，小朋友在玩遊戲時就要把它看成爸爸，而不是冰棒。

此外，在選擇角色遊戲時，也要考慮到角色、情境是不是能讓孩子充分投入其中。選擇孩子看到過的、有所了解的角色和情境，才能使孩子投入其中，寓教於樂，激發他的情緒，對人際智慧的培養才有實際的效果。

以下是一則有趣的、有利於提升孩子交際能力的遊戲，非常適合三歲左右的孩子。

小熊家做客

首先，讓爸爸扮成「熊爸爸」，媽媽帶孩子去熊爸爸家做客。媽媽拉孩子的手敲敲門，裡面的熊爸爸問：「是誰在敲門？」媽媽教孩子回答，然後等熊爸爸來開門。開門進入以後，示範如何問候、如何擁抱、如何進行交流，以提升孩子對人與人交流的認知。

然後，讓孩子自己獨自敲門，並完成回答、問候、擁抱等一系列動作，這樣可以鍛鍊孩子的膽量以及語言能力。

最後，讓孩子代替爸爸當主人，爸爸和媽媽去做客。這樣可以增強孩子的記憶力和模仿力，幫助孩子以社會規範的方式來與人交流。

和幼兒園老師多溝通

如果說父母是最了解自己孩子的人，那麼對於學齡前兒童來說，幼兒園的老師可能更有發言權，而且他們所了解的不僅僅是孩子本身的個性特點，還包括孩子的交際行為。因此家長們應多與幼兒園老師溝通，以更加全面地了解自己的孩子。通常根據孩子在社交上的表現，可將其分為三類：

- **受歡迎兒童**：個性開朗，有一定的交流技能，會玩，「點子」多，會解決糾紛。
- **攻擊型兒童**：個性暴躁，愛打人、罵人，破壞別人的活動。
- **忽略型兒童**：膽小、怯懦，不參加小朋友的活動，也不去攻擊別人，但小朋友往往會忽略他們的存在。

後兩種類型的孩子就是不善於交流、交流方法不恰當的孩子。

如果你的孩子各方面都很優秀，老師也喜歡，可小朋友們卻不太願意跟他玩，那麼，他與其他小朋友們交流起來可能有些傲氣、霸道。你該教育他：尊重他人，團結同學。

　　如果你的孩子愛打人，屬於攻擊型的，你該怎麼辦？攻擊型的孩子有時是以攻擊的形式引起老師、同伴對自己的重視。因為他生性好動，但由於某種原因又得不到父母、老師的關心，因而只好動「武」了。家長應給他多一些關心、溫暖，稱讚他的長處，鼓勵他揚長避短，教給他正確的交流方式，指出不正確的交流方式，並採取相應懲罰措施。

了解學齡前孩子的社交特點

　　研究證明，學前教育可為孩子將來的社交能力奠定堅實的基礎。有較為系統的課程安排和活動指導的幼兒園和遊戲小組，可為孩子社交能力的發展提供良好的環境，而托兒所和待在家中的幼兒則缺乏與其他孩子交流的機會。

一至兩歲

　　一到兩歲期間，初學走路的孩子對外界、朋友以及所熟悉的人或事會形成非常特別的影像，他處於中心地位，而你在離他很近的地方，他十分關心發生了什麼與他有關的事。他知道其他人的存在，並對他非常感興趣，但是他並不知道他們的想法和感覺。就他自己的想法而言，每個人都按照他的想法思考。

　　可以想像，孩子的世界觀通常使他很難和同伴們進行真正具有社交意義的玩耍。他會和別的孩子一起玩耍並爭搶玩

具，但很難與其他孩子合作進行遊戲。尤其是別的孩子稍微比他大時，他會觀察並站在他們的周圍。他會模仿他們，或對他們做他對洋娃娃做的事 —— 幫他們梳頭。但是當別人試圖對他做同樣的事情時，他通常感到吃驚並拒絕。他還會把玩具或其他東西給別的孩子，但是如果別的孩子拿走他給的東西時，他就會不高興。

分享對本階段的兒童是一個沒有意義的詞語。每個初學走路的孩子只認為他是遊戲的中心。不幸的是，大部分兒童都與以自我中心的他一樣自私，對玩具和注意力的競爭經常使他們打架並哭泣。當孩子的小朋友來時，怎樣才能使他們少發生一些爭搶呢？給他們每個人足夠的玩具，並隨時準備調解。

當你提前告訴自己的孩子把玩具給別的孩子玩時，你的孩子也許開始克制自己，會把自己的玩具給別人玩。如果其他孩子硬要摸他的玩具，他會和他們爭奪並推開他們。你要安慰那些「一直看著玩具」的別的孩子，並且告訴你的孩子：「把玩具給他玩一下好嗎？」但是你也要向你的孩子保證：「對，這是你的玩具，他不會拿走的。」選出幾個作為特別獎勵的玩具，讓大家都能玩或許有幫助。這樣做有時還可以幫助孩子意識到對別人要忍讓，不要太自私。

因為本階段的兒童很少了解他人的情感，所以他們僅對周圍兒童具有身體上的反應。即使在探險或表現愛心時，他

們相互間指眼睛或者輕拍也可能會太重（對玩具動物也會出現同樣的情況）。不高興時，他們會毫無目的地踢打，而不會認為可能會傷害到其他孩子。因此，無論何時孩子與同伴在一起時，你都要留心，並且你一看到發生身體攻擊行為，就要快速地把他拉回來。告訴他「不要打人」，並重新指導所有的孩子友好地玩耍。

兩到三歲

事實上，本階段的孩子更關心自己的需要，而且行為也更加自私。他們經常拒絕與別人分享他們感興趣的任何東西，即使在一起玩耍時，也不願意與其他孩子合作，除非他們知道要各自玩自己的玩具。有時孩子的行為也會使你感到生氣，但如果你注意觀察就會發現，一起玩耍的所有孩子可能具有完全相同的行為。

兩歲時，孩子觀察這個世界時幾乎只關心自己的需要和渴望。因為他們不理解其他人在這種情況下的感受，認為每一個人的感覺和想法都與他們完全一樣。這種情況下，他們認為自己的的行為並不出格，因此不會控制自己。基於上述原因，試圖用「如果你聽話的話，媽媽多麼高興」之類的話語來約束孩子的行為沒有任何意義。在孩子七歲以前不要用這類語言；此後，孩子才能慢慢地真正理解其他人的想法和感受，對這些話才會有反應。

第二章　怎樣讓孩子樂於結交朋友

　　因為孩子的行為似乎只受他自己支配，你會開始擔心孩子會被慣壞了或無法控制他了。你的擔心大可不必，他會很快地度過這個階段。好動愛鬧的異常活躍、進攻性極強的孩子通常和那些似乎從不表露出他們的感情的安靜、害羞的孩子一樣「正常」。

　　有意思的是，儘管孩子對自己更感興趣，但他的大部分玩耍時間可能用來模仿其他人的行為方式和活動，模仿和「假裝」是本階段最好的遊戲。因此，兩歲多的孩子將玩具熊放到床上或餵他們的洋娃娃吃飯時，你會發現他使用的詞彙和語調與你完全相同。不管在其他時候他如何拒絕你的指令，在他轉換為父母的角色時，他會非常精確地模仿你們。這些活動能夠使孩子愉快地聽從別人的建議，這是將來社會經歷的直接排演。懂得這些有助於你理解做好榜樣的重要性，向孩子示範他們經常模仿大人做的事，而不是只說不做。

　　讓孩子學會如何與周圍人相處的重要方式是給孩子足夠的試驗性表演，因此你不能因為他的不善交際就放棄讓他與其他孩子一起玩耍。聰明的做法是將他一起玩的小朋友限制在兩到三人，雖然你需要密切監視他們的活動，以免有人受傷或很不開心，但盡量不要干涉他們。孩子們互相之間應該學會玩遊戲，而不是只與他們的父母玩遊戲。

三到四歲

與兩歲時相比，三歲多的孩子已經不那麼自私了，對家長的依賴也減少，這是自我識別得到強化和感到更加安全的徵象。他會與別的孩子一起玩遊戲，相互配合，而不是自己玩耍。在這個過程中他意識到並不是所有人的想法都與他完全一樣，每一個夥伴都有獨特的個性。有些惹人喜歡，有些令人討厭。你會發現他更加傾向於與一些孩子玩耍，並開始和他們發展友誼。在建立友誼的過程中，他會發現自己也有一些讓人喜歡的特徵 —— 這種發現對他的自尊心的培養具有強烈的支持作用。

本階段孩子的發育有一些更好的訊息：隨著孩子對其他人的感覺和行為了解的增多和敏感，他會逐漸停止競爭，並學會在一起玩耍時相互合作。在小組中他開始學會輪流玩耍分享玩具，即使他不總是這樣做。通常他可以以成熟的方式提出要求，而不是胡鬧或尖叫。所以，你可以期望孩子玩耍時更加平和而安寧。通常三歲多的孩子會採取輪流玩耍或交換玩具自己解決紛爭。

開始時你必須鼓勵這種合作。例如你可以鼓勵孩子利用語言而非暴力來處理出現的問題，在兩個孩子分享一個玩具時，也可以提醒他們輪流玩耍。雖然這種方法並不總是有效，但值得嘗試。要幫助孩子使用合適的詞語描述自己的情

感和渴望，避免孩子感到挫折。更為重要的是親自為他做出如何和平解決爭端的榜樣，如果你脾氣暴躁，應避免孩子在場時發火。否則，他感到受到壓制時，就會模仿你的行為。

　　然而，不管你怎麼做，你的孩子總有很多次會將他的氣憤或挫折感轉化成打鬥。當發生這種情況時，要避免讓他傷害別人，如果他不能迅速平靜下來，就將他與其他孩子分開。與他談心，嘗試弄明白他為什麼這樣生氣。讓他知道你理解並接受他的感受，但讓他明白打鬥不是表達這些感受的好辦法。

　　透過分析他其他孩子打他或朝他尖叫的原因，幫助他從其他孩子的角度考慮問題，然後建議他以更加和平的方式解決問題。最後，在他理解自己做錯了什麼以後 —— 不是以前，讓他向其他孩子道歉。然而，僅僅說「對不起」可能不會幫助他糾正自己的行為。他也需要知道自己為什麼要道歉。他也許不能很快理解，但四歲的孩子可能已經開始意識到這些解釋的意義。

　　實際上，三歲多孩子的正常興趣有助於將暴力傾向降低到最小程度。他們的大部分玩耍時間是從事自己喜歡的活動，這些活動往往需要合作。正如我們已經看到的，學齡前兒童和他們的夥伴經常在遊戲中扮演不同的角色，然後進入利用想像或家庭物件構成的虛構情節之中。這種遊戲可以幫助孩子開發重要的社交技能，例如輪流、關心、交流（透過

動作、表情和詞語）和對他人行為做出適當反應。「偽裝」遊戲之所以受孩子喜歡，是因為它可以使孩子扮演他們想要的任何角色。

觀察孩子在虛構遊戲中扮演的角色，你也會明白他已經開始確定自己的性別了。因此在家裡玩耍時，男孩會扮演父親的角色，女孩則扮演母親的角色，反映了他們已經注意到了自己的家庭和周圍世界的差異。在這個階段，男孩會對自己的父親、鄰居的大男孩著迷，而女孩會模仿母親、大姐姐或其他女孩。

研究顯示，男孩和女孩同一明顯的發育和行為差異是由遺傳決定的。例如，通常而言，學齡前男孩更具攻擊性，而女孩更加文雅。然而，本階段的許多遺傳特徵很容易受文化和家庭背景影響。即使父母都在工作，並分享等同的家庭責任，孩子也會從電視、雜誌、書籍、廣告牌和朋友或鄰居的家庭中發現家庭中傳統的男女角色。例如廣告會鼓勵女孩喜歡洋娃娃，出於好心的親屬會以此為禮物相贈，成年人及其他孩子也會贊同這種行為，同時，人們會指導男孩遠離洋娃娃（在學步時曾經非常喜歡），而從事更加粗糙和笨拙的遊戲和運動。喜歡大打出手的女孩被稱為假小子，喜歡打架的男孩叫強壯或有型。孩子贊同或反對這些說法也不會使人吃驚，並依此調節自己的行為。因此，在孩子到了進入幼兒園的年齡時，就已經可以很好地確立自己的遺傳特徵了。

第二章　怎樣讓孩子樂於結交朋友

四到五歲

　　四歲時，孩子可能已經主動與許多朋友進行社會交流了，甚至他會有一個「最好」的朋友（並不總是與他的性別相同）。孩子在鄰居家、幼兒園或學前班最好都有經常可以見面的朋友。但如果孩子沒有進入幼兒園，或生活在沒有鄰居的地方怎麼辦？或鄰居的孩子太大或太小不適合你的孩子怎麼辦？在這種情況下，你有必要安排孩子與其他學齡前兒童玩耍。公園、操場等公共場合可以為會見其他孩子提供極好的機會。

　　一旦孩子找到了他似乎非常喜歡的夥伴，你需要採取一些措施鼓勵他們交流。最重要的是鼓勵他邀請他的朋友到家裡做客。對他來說向其他孩子「炫耀」自己的房間、家庭和所有物品非常重要，這有助於孩子建立自豪感。實際上，為了建立這種自豪感，他的房間並不需要豪華的裝修或有許多昂貴的玩具，只要是一個溫馨和令人愉快的地方就可以。

　　本階段的孩子已經意識到他的朋友不僅僅是遊戲夥伴，朋友也會對他的思維和行為產生重要的影響。他會非常渴望與他的朋友保持一致，甚至在相處期間他們的行為會超越你從他出生起就教給他的原則與標準。他現在已經意識到除了你之外，生活還有其他有價值和意義的事，他會要求一些你從來不允許的事情來驗證自己的新發現 —— 某些玩具、食

物、衣服和要求觀看某些電視節目。

　　如果孩子與家長的關係在這些新朋友面前發生戲劇性的變化也不要緊。例如，他會對你表現出一生中的第一次粗魯。當你告訴他做一些他應該做的事情時，他會回答你「閉嘴」，甚至咒罵你。雖然難以接受，但這種粗魯的表現是他正在學習挑戰權威和測試自立能力的積極反應。

　　如果他再次犯錯，處理這種情況的最好方法是表示反對，並必須與他討論他的真正意思或感受是什麼。你的反應越情緒化，越會鼓勵他繼續這種不良的行為。假如冷處理的辦法不起作用，他還是堅持錯誤行為，則「超時」處理是最有效的懲罰方法。

　　要牢記儘管這時孩子正在探索「好」和「壞」的概念，但他的道德觀仍然非常簡單。因此，在他很認真遵守某項規則時，並不是因為他可以理解或同意，而更有可能是因為他想避免懲罰。在他們的思維中，所有的後果都是故意的。因此他打破一些有價值的東西時，他可能認為是做了壞事，不管他是不是故意的。因此，需要教會孩子區別意外和錯誤行為。

　　為幫助孩子學習這種區別，你有必要將他個人與他的行為分開。在他做和說了需要進行懲罰的事情時，確保他理解受懲罰的原因是他的特別行為，而不是因為他壞。不要說他是壞孩子，要清楚地告訴他哪裡做錯了，明確地將人與行為

分開。例如,他戳了其他小朋友,要向他解釋這樣做會使別人感到痛苦,而不是說「你這個壞孩子」。在他偶爾做錯什麼時,要安慰他並告訴他你理解他不是故意的。一定不要發火,即使你認為自己不是針對他做的事發怒。

　　讓學齡前孩子承擔一些你認為他可以完成的任務,並在他完成時稱讚他,這也非常重要。他已經可以很好地獨立完成像收拾桌子或清潔地板的任務。在你離家外出時,要向他解釋你希望他做什麼,在他這樣做時,要稱讚他。你也有責任給他更多機會與別的孩子玩耍,當他與別的孩子和平相處並幫助別人時,告訴他你為他感到非常自豪。

了解小學生的交流特點

　　小學生不再像幼兒那樣依戀父母,而是更嚮往集體生活,他們喜歡和同學在一起來往和玩耍。但是不同年齡階段的孩子,人際交流的特點又各不相同。低年級兒童,即剛進入小學的兒童,是以自我為中心的。雖然他們也交朋友,但還談不上根據什麼標準選擇朋友,常常因為一起同用一張書桌,一起玩遊戲,或是住附近的鄰居等等偶然因素而成為朋友,同學之間多半是玩伴關係。他們關心自己,但是對自己在集體中的地位還不太關心,大多數對此也缺乏清楚的意識和要求。此時少先隊的活動促進了他們集體意識的發展,他

們逐漸認真地按照原則對待同學間的相互關係。中年級即三四年級的兒童，開始出現少數比較穩定的、自發的友伴群，但通常規模不大，人數不多，即兩三個朋友。多數人的友誼仍處在不穩定狀態。高年級的兒童，通常知道了團結友愛，在同學有困難的時候，能夠給予幫助，了解到交朋友可以互相督促，共同進步。但也有不少兒童是單憑興趣、愛好而交上朋友的。了解到這些特點之後，家長還要了解自己孩子交友的具體情況。家長可以要求孩子談談朋友之間的交流，如果孩子的朋友來玩，家長可從旁觀察，直接進行了解，還可以到學校聽聽老師對孩子的介紹。家長如能去拜訪一個自己孩子好友的家庭，和對方的家長共商教育大計，那是很有意義的。

家長要積極引導孩子學習朋友的長處。對於人家的缺點，家長應恰當地指出，鼓勵孩子幫助朋友改正。同時也防止孩子由於分辨不清是非而學一些壞毛病。如果那些缺點比較嚴重，孩子不僅無力去幫助朋友，反而有被那些缺點影響的危險，家長應該教育孩子中斷這種朋友關係。

到了中高年級，尤其是高年級，孩子交友的基礎就不僅僅是些偶然因素，而是有一定的集體原則和道德觀念在內，而這些原則和觀念對孩子的課業、生活及今後的人生都將產生重大的影響。他這時在友伴中的表現，或許就是他成人後

處世之道的雛形。這時候，家長應不失時機地對他進行一些交友的基本原則教育。

第三章
幫助孩子形成活潑開朗的個性

我們經常說「個性決定命運」，為什麼呢？

所謂個性，是指一個人表現在外部形態上的穩定性。一個人的決策、行為在很大程度上受到個性的支配。也就是說，個性決定了一個人的決策與行為。而這些大大小小的決策與行為累加起來，最終決定一個人的命運。

要想自己的孩子人緣好，最好是讓孩子擁有活潑開朗的個性。所謂活潑，是指孩子具有高度的主動性和積極性，包括思維活躍、勇於探索，能夠透過自己的活動獲得新知識、新訊息；開朗則是指有較強的適應性，對周圍的事情能夠保持樂觀的態度，對人非常熱情，而且樂於與別人交流。

常言道：「三歲看大，七歲看老。」這話有一定的科學道理。萬丈高樓平地起。幼兒時期是一個人個性發展的重要時期，孩子的秉性雖屬雛形，但日後再要作改變非常之難——所謂「江山易改，本性難移」。

孩子為什麼孤僻內向

有的父母個性都挺開朗的，但孩子卻孤僻內向。這些孩子本應無憂無慮、天真爛漫，可他們的神情卻很憂鬱，怕見生人，不敢講話，怕做錯事。這樣的孩子在小朋友群體裡不受歡迎，長大後也不容易將自己融入到社會當中。

事實上，孩子個性的形成除了與遺傳有一定的關係之

外，很大程度上與後天成長環境和教育方法有關。有的家長對孩子期望過高，管教過嚴，都有可能造成孩子個性內向孤僻。例如，有的家長要求孩子像大人那樣自覺地坐著，聚精會神地看書，孩子感到十分好奇的東西不准去摸、去玩，甚至不准去問。一段時間後，孩子會習慣於按照別人的意願去做事，什麼也不敢動了。有的家長為了保持室內清潔和服裝整潔，對孩子的遊戲加以限制，怕弄髒房間、衣服，使孩子不敢玩、不敢動，逐漸變得死板，由外向轉為內向。有的家長則在孩子面前無端專橫、愛挑毛病，這很容易使孩子唯唯諾諾，謹小慎微。有的家庭氣氛緊張，家人對孩子態度嚴肅，孩子就容易感到緊張、壓抑。還有的家長平日裡忽視給孩子創造足夠的與小朋友交流的機會等。

團結和睦的家庭環境及父母積極向上的工作態度，是影響孩子健康成長的一個重要因素。這種影響是潛移默化的，如夫妻關係不和，會使孩子感到壓抑和苦悶，久而久之，孩子的個性會因此變得沉默內向。

父母的愛是一個人生命中至為重要的東西，而家是孩子生活的港灣。生活在父母所構築的溫馨和睦港灣中的孩子，無疑是幸福歡樂的。然而，夫妻間的爭吵是在所難免的。但夫妻間的爭吵與不和，絕非夫妻兩個人的事，它所造成的家庭氣氛的沉悶與緊張，會嚴重地危及孩子的身心健康。夫妻

間經常吵架，家庭中充滿了隔閡與猜疑，會使孩子神經緊張，從而導致孤獨、冷漠、行為出軌。在青少年犯罪中，尤以出身破裂家庭的居多。所以，明智的父母、疼愛孩子的父母，為了讓孩子能夠真正成長為一個對社會有用的人，要為孩子營造一個美滿和諧的家庭。

環境對孩子個性的影響

孩子年齡小，個性還沒有定型，在這個時候需要一個良好的環境（這種環境包括居住環境、家庭條件、物質生活、人際關係、周圍環境等）。如果在孩子個性沒有定型時我們注意到環境對孩子的影響，就能使孩子個性的萌芽朝好的方向發展。

俗話說：三歲定終生。現代科學研究也顯示，一個人在幼年時的個性傾向，對其長大後的個性有著決定性的影響。

在所有的環境影響中，親子關係的影響力最大。心理學解釋為在同樣的條件下，父母對孩子的教養態度不同，會引起個性發展上的顯著差異。不同類型的親子關係，對於不同個性的培養產生不同的作用。

一種是以大人為中心的親子關係。在這種關係下孩子的表現通常很有禮貌、謹慎、精神容易集中。但是這種孩子也表現出盲從，容易受別人暗示，容易受別人驅使，善於服

從，從小害羞、憂鬱、畏縮，自信心和自尊心比較差。

另一種是以孩子為中心的親子關係。在這種親子關係下的孩子通常比較積極，善於表現自己，自信心比較強。但是這種孩子攻擊性比較強，注意力不夠集中，不受約束，不願意服從，比較固執。

理想的親子關係應該是父母對孩子愛而不嬌，嚴格而親切，這種關係下長大的孩子會感覺到自己受到尊重和信任，孩子的個性多表現為親切、獨立、直率、活潑、大方、開朗，有協作精神和活動能力，善於和同伴相處。可見，父母對孩子的不同態度導致孩子的個性是不一樣的。

在這裡特別值得一提的是，父親與孩子多一些時間的接觸可以促進孩子活潑開朗個性的形成。通常來說，父親比較寬容大度，隨和開朗，再加上父親精力充沛，比較喜歡運動，而且還喜歡變花樣，所以尤其適合於兒童的年齡特點。在處理問題的態度上，父親和母親也不一樣，父親傾向於以積極的姿態去處理問題，考慮幼兒行動動機時往往比較容易從好的方面去想，在解決問題時又容易用一些比較輕鬆、幽默的語言去教育孩子，這種情況下培養出的孩子做事積極、活躍、樂觀，且勇敢自信。因此，父親要加大與孩子交流的密度，一天中盡量抽出一些時間和孩子聊天、遊戲，這對孩子良好個性的養成是非常有幫助的。

善於激發孩子良好的情緒

　　良好的情緒、情感是形成孩子健康人格的重要條件之一。良好的情緒可以提升大腦和整個神經系統的活動，有益於孩子的健康成長，更有益於孩子良好個性的形成。孩子如果經常處於積極樂觀的情緒中，就會形成活潑開朗、善良、富於同情心的個性特徵。如何培養孩子良好的情緒呢？

　　首先，家長要正確理解對孩子的愛，要理智地去愛孩子，滿足孩子合理的要求，而不是過分的溺愛和無原則的遷就。

　　對孩子的保護和幫助是必要的，但不能過分。只要不是太危險的事就應該讓孩子去做，去嘗試。我們家長常常覺得應盡量滿足孩子，讓孩子快樂幸福。但如果讓孩子長時間生活在非常幸福的空間裡，孩子對幸福的感覺就會越來越壓抑，逐漸變得畏縮、停滯不前。

　　再者，讓孩子對合理的要求有選擇的權利。當然，孩子年齡小，判斷和選擇的能力都是很弱的，家長可以幫助孩子分析，引導他做選擇，這樣可以保護孩子的自尊心、自信心，使孩子的主動性、積極性得到很好發揮。這裡特別要強調，家長在培養孩子的興趣方面一定要尊重孩子的選擇，只有這樣，這種興趣才能成為孩子真正持久的愛好，為活潑開朗的個性提供精神動力。

　　要調動孩子積極的情緒必須注意調整孩子的心態。孩子

年齡小，自我控制能力很弱，自我調節能力也很弱，家長要教給孩子學會調節自己的情緒，保證孩子心情舒暢。尤其是當孩子遇到困難時，別忘了要引導他以積極的態度去克服。

此外，應根據孩子個體情況有針對性地進行教育。好動、好奇、好模仿是孩子們個性的共性，但每個孩子仍有個人的個性特徵，所以家長要注意分析自己孩子的個性特點，有針對性地應對。

如果孩子自控能力較好，但行動畏怯，就要多肯定他的成績，培養他的自信心，激發他活動的積極性；如果孩子不專心、難於安定，就要培養他專心、認真、耐心做事的習慣；如果孩子反應遲緩、沉默寡言，就要鼓勵他多參加團體活動，引導他多與其他孩子交流，提升他參加各種活動的能力。

總之，活潑開朗的個性不是一朝一夕培養出來的，家長應從日常生活中的點點滴滴做起，創造條件，努力促使孩子良好個性的形成。

快樂的個性可以培養

快樂既是心情，也是個性。快樂的心情有起有伏，而快樂的個性比較穩定。快樂的個性可以透過以下途徑來培養：

讓孩子懂得，與人和睦相處、與人關係融洽是快樂的一個重要條件。父母不能完全支配孩子的社交生活，但卻可以

引導他們如何與人相處。父母可以盡量安排孩子常與別的孩子一起玩，如參加同齡兒童的遊戲活動，或帶孩子到遊樂場跟小朋友玩耍，要是能隨時歡迎孩子的朋友到家裡來玩那就更好。父母還應該幫助孩子培養設身處地為他人著想的態度。有時候，跟孩子談談家裡的人和事，談談故事或電視節目中的人物可能會有的感受，是一個不錯的辦法。

　　父母要設法給孩子提供機會，使孩子從小就知道怎樣使用自己的決策權。你看，孩子在家庭裡，對一切事情都沒有辦法做主，小到晚餐吃什麼，該看什麼電視節目，大到家裡要添置什麼東西，是否到參加課後才藝班，一切都是家長說了算，因而他們的童年可能並不像成人所想的那樣愉快。其實，讓孩子們自由地做一些選擇，是培養他們形成快樂個性的一個重要方面。如聽任兩歲的孩子吃番茄而不吃黃瓜，或讓六歲的孩子從父母准許他看的電視節目中挑一個來看。隨著孩子的長大，他就會自己決定更重要的事情，也就會更開心。

　　快樂的人能從很多方面得到快樂。某個孩子可能因為錯過了他喜歡看的電視節目而整晚都不開心；但另一個興趣廣泛的孩子，他就會改為看書或玩遊戲，同樣自得其樂。父母平時應注意孩子的愛好，為孩子提供各種興趣的選擇，並給予必要的引導。孩子的業餘愛好廣泛，自然容易擁有快樂的個性。

　　家庭和睦也是培養孩子快樂個性的一個主要因素。因此父母認為怎樣做能令人快樂，就應該身體力行去做，而且要向孩子解釋為什麼他們感到快樂。專家說：「緬懷以前快樂的日子並清楚地提出追求快樂是你的人生目標，是很重要的。」

透過遊戲優化孩子的個性

　　兒童正處於感知世界的階段，有趣健康的遊戲可以給予孩子無窮的快樂，給予他們對身邊事物的認知與體驗，增長他們的學識，更重要的是可以培養他們健全的個性。

　　在遊戲中，有些孩子不願與別人分享自己心愛的玩具，由於這種不願與人分享的心理，往往導致這些孩子在玩耍中總是不合群，難以與別人合作，久而久之容易形成唯我獨尊的孤僻個性。針對這種情況，家長要注意培養孩子熱情大方的品質，多組織一些集體協作性的遊戲活動，讓孩子學會如何與別人良好地相處。

　　孩子的注意力容易分散，往往一件玩具、一個遊戲玩了不久就會失去興趣，把它們扔在一邊就跑去玩別的東西。這種情形的產生除了是由於注意力不易集中以外，也有可能是由於孩子的畏難情緒，比如用積木蓋房子總是蓋不到一半就垮了。所以在遊戲中，也應適當地培養孩子有始有終的好習

慣，培養他們克服困難的毅力與勇氣。在設計遊戲時，可以對孩子提出力所能及的目標，如捏一隻黏土的小鴨子，砌一座小城堡等，並在遊戲過程中多鼓勵並作適當的幫助，使孩子形成有恆心的好個性。

另外，強烈的好勝心理在孩子的玩耍與遊戲中也是十分常見的，這說明孩子都有強烈的自尊心，同時他們也很希望自己在遊戲中能夠贏得勝利，能夠有所成就，並得到讚揚。在遊戲中，應該多以鼓勵為主，讓孩子做一些不太難的事情，讓其有所成就，增強自信心。但是也要注意，應該讓孩子學會公平地去爭取成就，不應以任性去要求別人遷就，讓他們明白有成功就會有失敗，即使失敗了也不要灰心而放棄。

遊戲活動是孩子獲得發展、健全良好心理個性的必由之路，是向他們傳授知識的重要途徑和方法。沒有遊戲就沒有孩子的童年和歡樂。遊戲是孩子的一門主課，玩具是教科書，它們是孩子學習社會、了解生活、獲得知識、開發智力、增進才能、強壯體魄時不可缺少的一門活動，更是孩子身心全面和諧發展的重要方法。對於年幼無知的孩子說來，生活中的一切都需要學習，生活中的一切又是學習，因此，讓孩子在快樂的遊戲中培養良好的個性，將是影響他們一生的重要的大事。

第四章

提升孩子的交際口才

在我們日常的生活、課業和工作中，具有較高語言交際能力的人，不僅能夠準確而生動地表達自己的思想感情，而且容易與他人相處，可謂「說話頭頭是道，辦事手到擒來」。

　　相信任何一位家長，都希望自己的孩子擁有良好的口才。口才好的孩子，在人生的道路上可以結交更多的好朋友，化解更多的人際糾紛。

　　那麼，怎樣才能幫助孩子擁有好口才呢？儘管一個人是否「能說會道」與其個性相關，但是，對於大多數人來講，這一本領還是可以後天習得的。從一個人的成長看，他若想透過後天的學習來使自己「能說會道」，最好的辦法就是從童年時期開始有意識地訓練。

好口才，好人緣

　　什麼叫好口才？一句話：在恰當的時機，對恰當的人，說恰當的話。要做到這三個「恰當」，並不是一件容易的事。我們天天說話聊天，不見得熟能生巧，個個練出好口才。許多人說了一輩子話，沒有說好過幾句話；一些人就憑幾句好話，千百年來讓人津津樂道。

　　每個正常人，從牙牙學語起，到壽終正寢止，幾十年甚至上百年的光陰中，不知道要說多少話。朱自清在《說話》一文中說：「人生不外言動，除了動就只有言，所謂人情世

故，一半兒是在說話裡。古文《尚書》裡說：『惟口出好興戎。』，一句話的影響有時是你料不到的，歷史和小說上有的是例子。」

是的，歷史上有太多關於口才巨大影響力的例子。戰國時期，口才大師蘇秦與張儀，一縱一橫，皆詞鋒銳利，議論透闢，推事論理，切中時弊。他們「一怒而諸侯懼，安居而天下息」，可謂憑口才而縱橫天下。近現代的諸多偉人，亦同樣皆具備了縱橫天下的口才，位居高位的領導者，哪個不是縱橫捭闔？何人不是雄辯高手？

無論是古時還是當今，國與國、人與人之間的利益競爭和關係衝突都是永恆的；無論職場商場，還是情場交際場，人們每時每刻都處在各種撲面而來的問題和麻煩之中。解決衝突和問題，不能簡單依靠戰爭和暴力方法，或魯莽和輕率的行為，而要依靠頭腦智慧和口才利器。

世界上人與人之間的相處，有抱怨、爭吵、仇恨、隔閡，也有融洽和默契，為什麼相處會產生如此巨大的差別呢？這是心與心之間的距離造成的。口才作為直通人心的藝術，是打開心靈的方式。人與人之間的相互關係構成了社會關係，人在社會中與別人打交道，是一個人生存與生活最起碼的方式。能不能夠與別人很好地溝通，決定了一個人的生存品質。溝通在生活中的確太重要了。生意場上，談判的技

巧就是口才的實用。情場上，男女心靈能不能溝通，就決定了愛情是痛苦還是幸福。你與家人之間，與朋友之間，與陌生人之間，與上司，與下屬……之間，都要用口才來溝通。

培養好口才孩子

愛因斯坦（Albert Einstein）說：「一個人的智力發展和形成概念的方法，在很大程度上是先取決於語言的。」可見語言與智力密切相關，語言能力是各種能力的基礎。

學習說話是一般人與生俱來的能力，孩子自然而然就會說話。所有為人父母者都曾經體驗過那種興奮的感覺及那種不可言喻的成就感 —— 就在孩子開始跟父母說話的那一剎那。

說話及語言能力的發展，是其他各項技能發展的基礎。所謂語言，指的是我們溝通時所使用的各種不同的方式，不只是我們說話的方式，還包含了聆聽、表情、手勢、閱讀和寫作。

孩子為了要了解週遭的世界，必須給每個人物、東西和動作冠上名稱，他們必須思考、推論事情發生的原因和時間，甚至必須掌控某些人和事。

關於語言發展的研究明白地指出：孩子早期發展說話能力，是唯一對孩子往後一生發展有莫大助益的技能；其他諸

如能夠提早坐著、走路或長出第一顆牙等等的發展，都跟後來的學業能力沒有什麼關係。雖然比較晚才學會說話的孩子未必一定會有學習上的障礙，但是早期就善於說話的孩子卻很少發生學習困難的狀況。

語言是人類溝通的媒介，又是獲得知識、學習其他技能的基礎。語言能力的培養必須從小開始，不是一蹴可幾的。因此，語言學習的好壞將影響孩子的一生。那麼如何引領孩子進入語言的世界呢？

通常而言，語言環境對兒童語言的發展起著極為重要的作用。專家認為，懂得教育方法的父母（或老師）總是會為孩子創造寬鬆愉悅的精神環境，使孩子生活在濃濃的愛的氛圍中。這樣，孩子才會樂於與你交流，並接受你的語言訓練。

兒童學說話是從聽說話開始的，對於幼兒來說要隨時為他提供聽說話的環境。最簡單的方法是隨時說著你正在做的事，如你在洗衣服，可對孩子說：「媽媽幫爸爸洗衣服。」你在看書，可以說：「媽媽在看書，寶寶長大了也要看書。」

此外，還可以說孩子正在做的事。如孩子在吃蘋果，你說：「寶寶在吃蘋果，好吃嗎？」孩子在玩玩具，你可以說：「寶寶在玩積木，真乖。」這種語言環境的作用在於開拓兒童的「聽說系統」。

第四章　提升孩子的交際口才

　　幼兒與成人交流時，在最初發音的基礎上和視、聽、觸的過程中，透過生活和遊戲，就會模仿成人的語音和語調，也就是學會了說話。在訓練幼兒聽話能力的時候，父母可適時選用較慢、重複的話語對孩子說話，這有助於孩子理解和模仿父母的話語，對幼兒初期的語言發展很有好處。

　　要注意的是，父母說話時務必做到發音準確、清楚。因為孩子從小養成的語言習慣和發音特點，以後是很難改正的，要讓他們從小就正確地使用語言，為將來的口語表達奠定基礎。

　　事實證明，讓孩子在童趣中學習語言是最好的教育方式。生活在單調環境中對孩子的語言發展不利，要創設不同的生活環境，讓孩子見得多、聽得多，才有「素材」可說。如三歲左右的小朋友常常分不清鞋子的左右。家長若只是單純地說教這是左腳鞋子，那是右腳鞋子，說得再多孩子可能還是分不清。這時，你可以編一個趣味十足的小故事：「寶寶你看，你的兩只鞋子背對著背，都生氣了，它們為什麼不高興呢？因為啊，它們在說：『把我們穿錯了，我們要面對面。』」隨後，你可以幫孩子把穿錯的兩只鞋對換，再說：「瞧，兩位好朋友正面對面地點頭微笑呢，它們為什麼會這麼高興？因為它們穿對了。」你甚至還可以配上一幅人物化了的兩只生氣鞋子的卡通漫畫和一幅正在微笑的兩只鞋子的卡通漫畫，讓孩子邊看邊說。這樣，孩子不僅很快就能分清

左右鞋子，而且以後也會用這麼有趣的語言去和別人交流。

當然，隨著孩子年齡的增長，成人應該採取相應的談話方式和孩子進行交流，否則會使孩子的語言水準停留在幼稚的低水準階段。

訓練孩子的語言表達能力

一位媽媽說：「我家孩子從小就不太愛說話，每天我們上班後，就把他交給奶奶了。奶奶也不知道跟孩子說什麼，就讓孩子一個人玩。後來，孩子大了，他就學會了看電視，一個人打發時間。現在我們越來越感覺，這孩子幾乎不說話，每次都是我們問他什麼，他答什麼，從來不會主動跟我們說話。」

語言表達能力對孩子來說是重要的能力，應從小就著力培養孩子的語言表達。遺憾的是，許多父母由於工作比較忙，沒有更多的時間來教育孩子，於是，就把孩子交給他人或者電視，孩子因為很少與人對話，語言表達能力沒有被開發出來，從而導致不善表達。

怎樣訓練孩子的語言表達能力呢？

父母要多與孩子說話

只要父母在家，就要主動與孩子說話。哪怕孩子還不會說話的時候，父母也要有主動與孩子說話。他儘管還不會說，但會明白父母的意思。

第四章　提升孩子的交際口才

孩子上幼兒園甚至上小學後，父母應該主動問問孩子幼兒園及學校裡的事情。

比如：「今天學兒歌了嗎？」「睡完覺被子是不是自己褶的呀？」「你今天上數學課都學了哪幾個乘法口訣？」「你今天值日負責掃地還是擦黑板？」「我猜你中午飯後在操場上練習踢毽子了！」等等。

父母用這種明確的問話去調動孩子說話的情緒，讓孩子多和自己交流，願意同父母講幼兒園及學校發生的趣事。在這樣的提問中，孩子就會逐漸打開話匣子，有了要表達的欲望，久而久之就會養成和父母訴說發生在自己身邊的一些事情的習慣。

交談時父母要保持冷靜的心態，不要受其他事情的影響，也不要顯出不耐煩的樣子，要讓孩子感覺到輕鬆自在，而不是拘束。

父母要多給孩子講故事

在孩子年幼的時候，父母要多給孩子講故事。

有位教育學家說過：「故事與兒童的情感有交流作用。很明顯的，故事中所描述的對象，大都是有生命的。尤其是『擬人』或『擬兒童』的方式最為普遍。人性的表現，往往使故事中的人物與讀者、聽者或講者之間發生情感上的交流。這種情感的接近與交流，把故事中人物的喜怒哀樂，他

的奇遇，他的危險，他的成功，他的失敗，所有這一切，都轉化為我們自己的喜怒哀樂，自己的奇遇，自己的危險，自己的成功與失敗，把自己的情感投射到故事之中，便是兒童乃至成人所以愛好故事的原因之一。」

講故事的時候，父母不要一味想把故事講完，而是要注意孩子的情緒和反應，跟著孩子的反應來調整講故事的語言和速度。

比如，剛開始時，父母可以這樣說：「今天，我們來講一個故事。很久很久以前，有一個……」中間故意停頓，然後問孩子：「有一個誰呢？」有些孩子可能會說：「大野狼！」這表示孩子想聽大野狼的故事，或者孩子對大野狼很感興趣，這樣，父母就可以給孩子講大野狼的故事。在講的過程當中，還可以故意停下來，讓孩子來想像，這樣，既激發了孩子的思維，又促進了親子溝通。

德國詩人歌德（Johann Wolfgang von Goethe）幼年時，他母親就常常講故事給他聽。但是，母親每天都是講到最驚險處就停住了，以後的故事讓歌德去想像。

幼年時的歌德為此作過多種設想，有時他也和奶奶一起談論故事情節，然後再等待著第二天故事情節的發展。

第二天，母親在講故事前，先讓歌德說一說自己是如何設想的，然後，母親再把故事情節講出來。這樣，歌德與母

親的情感非常融洽，同時，想像力和思維能力就被培養起來了，這也為他以後創作小說打下了良好的基礎。

孩子所編的故事往往能夠反映出他對什麼樣的事情感興趣，父母聽了孩子編的故事，可以從中了解孩子的想法。

透過音樂培養孩子的語言能力

音樂的強烈感染力可以幫助孩子豐富詞彙，學會語言的各種表達方式。父母可以為孩子選擇一些優秀的兒童歌曲或者童謠，讓孩子在音樂的幫助下學習語言。可以讓孩子一邊聽，一邊跟著唱，從而促進孩子語言的發展。

父母可以與孩子玩語言遊戲

家庭當中的語言遊戲很多，比如繞口令、學兒歌、看誰說得快、你說我猜等。

父母可反覆念一首兒歌給孩子聽。兒歌具有簡單、有趣的特點，很符合兒童的口味。父母多次強化，讓孩子逐漸理解兒歌的意思，學會重複其中的某些句子。再多次說給他聽，讓他模仿，這樣，兩歲左右的孩子就能說出簡單的兒歌了。

語言遊戲不僅可以促進孩子的智力發展，還有助於營造良好的家庭氛圍。

打開孩子的語言開關

　　龍龍今年五歲，馬上就該上幼兒園大班了。按常理來說，這個年齡應該正是小孩子活潑好動的時候，小嘴應該喋喋不休才對。可是龍龍一見到生人，就急忙躲在大人的背後，小臉也變得通紅，更不用說主動喊人了。龍龍平時的愛好，就是喜歡坐在電視機旁看卡通，從來也不想和其他的孩子玩耍。

　　龍龍的父母很焦急，不知道如何是好，他們分析來分析去，還是覺得主要是自己工作太忙，與龍龍溝通、玩耍的時間太少。不僅如此，由於工作過於勞累的原因，他們很少有耐心聽龍龍講話，即使有時候龍龍問一些問題或者想和他們說什麼，他們也愛理不理的，有時候甚至嫌他煩，訓斥他一頓。久而久之，龍龍就變得沉默寡言了。

　　很多時候，我們往往把與孩子交流的任務交給了冷冰冰的玩具、電視或手機，把給孩子講故事的任務交給了播放器。我們總是讓孩子面對各種沒有生命和溫度的「物」，卻恰恰忘記了孩子最需要的是和「人」的交流。

　　當孩子已經變得沉默不語的時候，除了多陪伴孩子，多與孩子說話外，父母還要注意尋找孩子的興趣點，以此為突破口來打開孩子的語言按鈕。

說起愛因斯坦與音樂的故事，人們都不會忘記一幅著名的漫畫：

　　愛因斯坦的臉被畫成一把小提琴，琴弦上既有音符，還有那個著名的物理學公式：$E = mc$。但是，很少有人知道，愛因斯坦的語言按鈕是怎樣被開啟的。

　　一般發育正常的孩子在一歲左右就能夠開始講話了，但是，已經三歲的愛因斯坦卻還沒有要說話的跡象。

　　父母非常著急，專門請教了懂教育的人，得到的答覆是這樣的：如果沒有生理缺陷，有可能是環境影響了孩子的語言發育。造成生理缺陷的原因通常有兩種：一是遺傳，如果家庭中有人是啞巴，可能會遺傳給後代；其次就是生病等原因，影響了孩子的語言系統的生理發育。

　　愛因斯坦的父母認真回憶了自己的長輩，至少三代以內沒有人是啞巴。而愛因斯坦從出生到三歲之間，沒有得過什麼疾病，生理上的原因完全可以排除。於是，父母開始意識到自己的家庭環境有問題，自己跟孩子在一起的時間太少，沒有人跟愛因斯坦交流，影響了他的語言發育。

　　事實證明，愛因斯坦父母的結論是正確的。愛因斯坦喜歡獨處，他不善於與其他孩子相處，他經常故意躲開朋友，獨自一個人玩耍，甚至也不願意與妹妹在一起。如果妹妹的吵鬧讓他覺得煩躁了，他就會爆發出激烈的情緒。

　　繁忙的父母決定給愛因斯坦請個家庭教師，以增加愛因斯坦與他人的交流機會，而父母也盡可能地抽時間來和愛因斯坦進行交流。

　　第一次上課時，愛因斯坦看看陌生的老師，竟然大發脾氣，並向老師扔椅子以示抗議。儘管家庭教師費盡心機，企圖讓愛因斯坦說話，但是愛因斯坦連看也不看老師一眼，只是盯著窗外搖動的樹枝，身子還不時隨著樹枝的晃動而晃動。

　　有時，愛因斯坦也會獨自一人嘿嘿一笑，家庭教師吃驚地看著他，自言自語地說：「這個孩子像木頭一樣，還經常一個人發呆，莫非他是個傻子，我可沒有本事教會傻子說話。」

　　家庭教師不喜歡愚鈍的愛因斯坦，甚至連愛因斯坦的父母有時都會懷疑，愛因斯坦的智力發育是不是有問題。這種與眾不同的個性過早地讓愛因斯坦沉浸於一個人的想像中。

　　愛因斯坦的父母在閒暇時間，最愛做的事情就是帶全家郊遊。小愛因斯坦似乎天生醉心於大自然，他常常瞪著兩隻好奇的眼睛，緊閉雙唇，默默地跟著父母，默默地注視著眼前的自然景色。他喜歡在靜謐的大自然中獨自深思，而不喜歡與其他人一起做一些無聊的事情。

　　有一次，母親帶他到郊外去遊玩，別人家的孩子有的游泳，有的爬山，只有愛因斯坦一個人默默地坐在河邊發呆。

好心的親友們悄悄地對愛因斯坦的母親說：「妳的孩子總是坐著發呆，是不是腦子有毛病？還是趁早去醫院檢查吧！」

　　可是，愛因斯坦的母親卻十分自信地對他們說：「我的小愛因斯坦沒有任何問題，你們不了解他，他不是在發呆，而是在思考問題，他將來會是一個了不起的人。」

　　父母急切地盼望著愛因斯坦能夠早日說話，父母想，只要能說話，哪怕智力平庸，長大後也能夠生存下去，父母也不用為他擔心了。

　　愛因斯坦的父親由於生意繁忙，在家裡的時間很少，沒有閒暇的時間來觀察愛因斯坦，於是，母親就決定留心觀察一下孩子。

　　有一次，母親坐在鋼琴旁輕輕地彈奏鋼琴，優美的旋律一下子從母親的手指間流出來。這時，愛因斯坦正歪著腦袋，瞪著大大的棕色的眼睛，全神貫注地傾聽美妙的音樂。

　　母親高興極了，對愛因斯坦說：「喂！親愛的小傢伙，瞧你一本正經的樣子，真像個大學教授的模樣！」

　　經過一段時間的觀察，細心的母親發現，當她演奏鋼琴的時候，愛因斯坦就會一動不動地坐在旁邊聽，當演奏到美妙之處時，愛因斯坦的表情就充滿了喜悅。母親驚喜地想：「孩子能聽懂音樂，能聽懂音樂的孩子怎麼會是傻子呢？」

　　有了這一驚喜的發現後，母親就經常給愛因斯坦彈奏鋼琴曲。小愛因斯坦常常陶醉於音樂中，有時手舞足蹈，有時靜靜地聆聽。耐心的母親一面用音樂引導孩子的聽力，一面給他講解簡單的樂理知識。小愛因斯坦似懂非懂地認真聽著，偶爾嘴裡也呢喃著什麼，但誰也聽不清楚。

　　不愛說話的小愛因斯坦對音樂入迷了。在愛因斯坦四歲那年，他終於開口說話了。

　　語言是人特殊的需要和特徵。幼兒需要說話，他迫切要知道和告訴人們，那是什麼，某人在做什麼，怎麼樣……這既是自然性的生理需要，也是社會性的精神需要。

　　進行語言教育正是為了滿足幼兒的這種需要，為其身心健康發展準備條件。如果這種需要得不到滿足，那他的心理會發生變態，作為「人」的一切特性都將難以展現。因此，每一位父母都要重視孩子的語言表達能力，主動引導孩子表達自我。

　　當然，在培養孩子語言能力時，父母一定要有耐心。正如英國教育家赫伯特‧史賓賽（Herbert Spencer）所說：「就像從蘋果樹上採摘果實也需要方法一樣，打開孩子的心靈之窗也需要父母的靈性和耐心。」

善於引導孩子聊天

「你和你的父母經常聊天嗎？」

「沒有，幾乎一聊天就吵架。」

「為什麼呢？」

「可能是沒有共同語言吧，再說他們也很忙。」

「那他們和你聊些什麼話題呢？」

「就是關於我學校的情況，沒什麼可聊的。」

「那相比之下，你更喜歡和他們中的誰聊天呢？」

「誰都不喜歡，他們幾乎都問同樣的問題。」

以上是一名小學五年級女生小柔的回答。孩子們覺得和父母聊天無話可說，父母也覺得孩子不好溝通，這樣的現象在如今社會並不少見。現代家庭中，父母與子女之間聊天的話題太少了。很多父母除了例行公事般的詢問孩子在學校的表現和課業成績外，幾乎再也找不到什麼可聊的話題了。於是乎，很多家長都發出了這樣的感嘆：孩子越來越不願意和我說話了，我有那麼討厭嗎？

事實上，許多父母和上了學的孩子在一起的時候，說得最多的話就是：

「在學校要聽老師的話。」

「上課時要專心聽講，不要調皮搗蛋。」

「放學了早點回家，不要貪玩。」

「要好好讀書，以後考個好大學。」

似乎父母和孩子之間的話題總是局限在孩子的課業方面，這必然會導致孩子的反感。久而久之，孩子和父母之間交流的意願就會逐漸衰退，他們寧願把心事藏在深深的心底，也不願意和父母說，尤其是在遇到挫折和困難的時候。這樣，兩代之間的溝通就越來越少，彼此的代溝就出現了。

然而更可悲的是，還有很多家長對於和孩子聊天的興趣根本就十分缺乏。他們掛在嘴邊的話常常是「快吃飯別說話」，「出去玩去，別在這搗亂」，「我沒時間和你講」。在他們的思維裡，大人和幾歲的小孩子有什麼好聊的？然而，哪怕是小孩子，也需要和人交談和交流。不要搪塞沒時間，在家裡總是有交流的時間的，哪怕是對孩子。當然了，聊天的方式和內容應該是孩子能理解和感興趣的。如果父母多關心一下孩子的日常生活和情感世界，真正地走進孩子的心靈，那麼父母和孩子之間的關係一定會越來越親密和融洽的。

當然，也要注意聊天的技巧。

有些家長在和孩子聊天的時候，總是生硬地問：

「今天老師說什麼了？」

「今天學校裡有什麼新鮮事啊？」

這樣的問話很容易讓孩子做出消極的回答。他會說：「沒說什麼。」「沒發生什麼事。」這樣，交流就會陷入尷尬的氣氛中，進而中止。

第四章　提升孩子的交際口才

如果父母能先觀察一下孩子的表情，針對不同的表情有意識地引導孩子說話，這樣的聊天往往就會很順利地進行。

比如，發現孩子回家時比較沮喪，你就關切地問：「怎麼了？是不是遇到不順心的事情了？要不要媽媽幫忙？」

當孩子回家比較高興時，你可以微笑地問：「今天怎麼這麼高興，是不是學校裡發生了什麼有趣的事情，說給媽媽聽聽，也讓媽媽高興。」

這種形式的發問因為傾注了感情，往往可以引導出孩子比較積極的回答。

另外，神祕感較強的語言往往會激發孩子的好奇心，吸引孩子主動參與到聊天當中來。比如：「今天媽媽在街上碰到一件很搞笑的事。你知道嗎？原來你爸爸也有見不得人的祕密。」神祕氣氛的營造，激發了孩子的說話欲望。當然，要學會變換不同的語言和語氣，不要老是用同樣的方式說話。

擁有下面四大法寶，保證你會在聊天中能得到孩子的認可和喜愛：

- **陪伴**：讓感情在長久的相處中更加默契。
- **尊重**：讓孩子在平等的氛圍中培養健全的人格。
- **理解**：將心比心，讓孩子的心聲得到傾訴，情緒得到釋放。
- **幽默**：活躍聊天氣氛，緩解壓力，將快樂進行到底。

教孩子學會傾聽

　　英國作家蕭伯納（George Bernard Shaw）是個很聰明、很健談的人。少年時，他總是習慣於表現自己，無論到哪裡都說個沒完，而且語句尖酸刻薄。有一次，他的一個朋友忠告他：「你說起話來真的很有趣，這固然不錯，但大家總覺得，如果你不在場，他們會更快樂，因為他們都比不上你。有你在場，大家就只能聽你一個人說話了。加上你的言詞銳利而尖酸刻薄，聽著實在刺耳，這麼一來，朋友都將離你而去，這樣對你又有什麼益處呢？」

　　朋友的提醒給了蕭伯納很深的觸動，他立下誓言，決心改掉自話自說的習慣，如此，他重新贏得朋友的歡迎和尊敬。

　　西方有句名言：上帝分配給每個人兩只耳朵，而只給每個人一張嘴，意思就是要人少講多聽。在人與人的交流中，學會傾聽，不但能給予他人自信，使自己取得信賴、贏得友誼，也是了解別人的最好方式。

　　怎樣讓孩子善於傾聽呢？

培養孩子傾聽的習慣

　　有的孩子在聽他人講話時要麼心不在焉，要麼目標轉移，要麼四處走動，這種行為使說話者受到傷害，談話不僅無法收到較好的效果，還會影響雙方的關係。

第四章　提升孩子的交際口才

　　家長一定要端正對孩子的態度，孩子首先是一個獨立的人，其次他是一個與大人平等的人，如果孩子養成了以自我為中心的不良習慣，想要讓孩子傾聽他人是不太可能的。因此，父母既要重視孩子的自尊心，也不能把孩子當成全家的中心，什麼事情都圍繞孩子轉。應該讓孩子懂得在聽別人講話時，要尊重他人，可以自然地坐著或者站著，眼睛看著說話的人，不要隨便插嘴。安靜地聽別人把話說完，這是一種禮貌。

提升孩子對聲音的注意力

　　教育家烏申斯基（Konstantin Ushinsky）說：「注意是一座門，凡是外界進入心靈的東西都要透過它。」根據著名生理學家巴夫洛夫研究，人在集中注意力時，大腦皮層上就會產生「興奮中心」，在同一時間內，只能有一個「最優勢的興奮中心」。所以只有喚起孩子對聲音的注意，集中注意力有意傾聽，才能準確、有效地接受「聽」的各種訊息。

　　卡內基說：「一雙靈巧的耳朵，勝過十張能說會道的嘴巴。」要告訴孩子，聲音是世界上最奇妙的東西。風聲、雨聲、流水聲、笛聲、歌聲、人語聲……豐富多彩的聲音，使大自然充滿奇趣，使人與人得以溝通交流。透過引導，讓孩子喜歡聲音、留意聲音、傾聽聲音。

用遊戲訓練孩子的傾聽能力

透過遊戲訓練孩子的傾聽能力，引起孩子的興趣。

良好的練習傾聽的遊戲就是「傳話」。比如，媽媽可以向孩子說一段話或者講一個故事，要求孩子認真仔細地聽完，然後把這段話或者這個故事講給爸爸聽，媽媽要聽聽孩子複述得是否準確。或者，幾個甚至十幾個孩子共同玩這個遊戲，大家圍坐一圈，由一個人開始，將一段話悄悄傳給第二個人，第二個又傳給第三個人……如此轉一圈，當最後一個人把話傳到發話人的時候，原話往往已經變得面目全非了。透過這種遊戲可以訓練孩子的傾聽能力。

教會孩子如何提問

孩子掌握了恰當的提問方式，可以幫助他把說話的機會留給他人。

對於不認識的小朋友或同學，他們在交談的時候，兩人往往會以提問的方式進行，但是怎樣提問卻是有講究的。可以提一些開放式的問題，引導他人暢所欲言。比如，面對新轉學來的同學，可以這樣提問：「你是從什麼地方轉學過來的？」「你們那裡有沒有好玩的地方？」「你能不能談談你來這裡後的所見所聞？」這樣，對方就可以介紹一些提問者不太了解的事情。這種提問方式無疑是應該提倡的。

但是，應該提醒孩子，在提問的時候一定要避免涉及對方隱私和敏感的話題。

抓住關鍵期

　　小燕是個很乖的小女孩，由於她的父母都在國外工作，小燕從小就跟外婆住在一起，外婆孤身一人，對小燕自然是倍加愛護。小燕有時跟其他小朋友一起玩的時候，外婆總是把她叫回去，怕小燕被別人欺負或跟別的小孩學壞，平時也很少帶小燕出去，怕到外面遇到什麼危險。小燕也很聽話，外婆不讓她出去她就很安靜地待在家裡，外婆總是說小燕好乖。很快，小燕該上幼兒園了，可她卻哭著不願去，外婆好不容易把她送到幼兒園裡，她也是一個人坐在一邊，不跟別的小朋友玩，老師叫她，她也不太搭理。為此，外婆說了小燕好多次，可她還是一樣，外婆也不知如何是好。

　　在孩子成長的過程中，有一些時期對他們的某些能力的發展是很敏感的，心理學家把這些時期稱為關鍵期。如果在某種能力發展的關鍵期內，孩子的能力因種種原因而沒有得到發展，那麼，以後再發展就很困難了。比如說，孩子兩三歲的時候，就是他們語言能力發展的關鍵期，如果在這段時間內沒有給孩子創造很好的語言學習環境，那孩子以後說話就會發生困難或者障礙。而孩子跟別人的交流能力的發展也

是有關鍵期的，一般都是在學前期左右，孩子如果在這段時間內，天天待在家裡，不跟人來往，長大後很容易出現交際上的問題，像「自閉症」、「社交退縮症」等。小燕就是因為在關鍵期內沒有得到應有的外界交流，和外婆天天待在家裡，突然到幼兒園這樣的公共場所中，面對著那麼多的陌生人，便出現了「自閉症」之類的一些症狀。

根據調查材料統計，較早地被送進團體生活和有機會與家庭成員之外的人進行廣泛接觸的孩子，他們的口語交際能力要遠遠地超過缺少這種機會的孩子。由此可見，環境和人為因素都能夠對孩子的口語交際能力產生影響。身為家長，應該怎樣培養和提升孩子的這種能力呢？

第一，要多與孩子進行語言交流，並且有意識地教他說話。現在的爸爸媽媽們工作都很忙，家務事也很多，稍微有點閒暇時間，也總是想安排一些自己喜歡做的事情，而對諸如回答孩子提的問題，真心投入地與孩子交談等，則採取應付的態度。專家認為，家長應該有意識地同孩子進行語言交流，而且在交流的時候，要有意識地輔導和幫助孩子把話說完整，把要表達的思想感情表達準確，然後再逐漸地訓練他語言精練、富於表現力和邏輯性等。

第二，要借助具體的行為，訓練孩子的說話本領。在我們日常生活中，訓練孩子說話的機會有很多，關鍵是做家長

的能否把握。比如：每天晚上，可以讓孩子跟你講一講他這一天所做的事情，或幼兒園裡的新鮮事、趣聞等，家長則可以一邊聽，一邊給他修正表述不清的地方；當孩子看完電視裡播放的卡通以後，家長不妨讓孩子複述一下卡通的內容；根據孩子的年齡和智力水準，讓他學說繞口令、背誦優美的精短詩文等，也是一個好方法；家長還可以同孩子一起玩看圖編故事和講故事接力等遊戲。這樣一方面能給孩子提供說話的機會，另一方面則能使孩子在學習說話時，隨時獲得啟發和輔導。

　　第三，在訓練孩子說話的過程中，家長一定要保持良好的態度與得體的行為。其具體表現在：要以耐心、和善的態度傾聽孩子說話，即使孩子說得不對也不要批評，而要採取鼓勵與積極引導的方式；與孩子在一起的時候，要有意識地注意自己說的話，因為孩子是模仿天才，要注意自己的語言美，同時也要教會孩子語言美。

　　總之，現代社會需要人們「能說會道」，為了培養孩子的語言交際能力，家長們要多下一些工夫、多動一點腦筋。

帶著孩子親近自然

　　語言來自於實際生活，生活經歷和生活需要是語言的來源。但是，從根本上來說，語言和知識是一個密不可分、互相依存的載體。要想學好語言，應該以真實的知識為前提。孩子最初學習語言時，表達想法時所用的詞彙、短語和句子都來源於他們的日常生活或者是日常生活中經常聽到的一些話，這些話不斷重複，自然而然就進入他們的記憶中。當想表達內心想法時，這些詞彙就會從記憶庫中調出來。

　　讓我們來看看下面的一些回答：

　　一次，老師問幼兒園的小朋友：「花兒為什麼會開放啊？」

　　有的小朋友說：「花兒睡醒了，想出來看太陽。」

　　有的小朋友說：「花兒想跟小朋友比一下，看誰的衣服漂亮。」

　　有的小朋友說：「太陽出來了，花兒想伸個懶腰，結果把花朵頂開了。」

　　有的小朋友說：「花兒想聽聽小朋友唱什麼歌。」

　　看，孩子們的回答是多麼富有想像力，而這種想像力的語言正是出自他們對自然的體驗。孩子們總是習慣於把自己與自然世界聯繫起來，說出來的話都極其天真，這一點必須得到父母們的重視。

第四章　提升孩子的交際口才

英國教育家夏洛特·梅森（Charlotte Maria Shaw Mason）認為，只有一些常用的詞彙能夠使孩子聯想起明確的意思，其他的對孩子來說好像是外語。但讓孩子面對面地去接觸事物，他理解事物的速度會比你快二十倍，對事物的真實理解躍入孩子的頭腦，就像鐵銅奔向磁體一樣快。同時，隨著孩子對事物理解的深入、豐富，他們的詞彙量也在增加。我們知道，頭腦的規律就是想把我們知道的東西盡力表達出來。這個事實讓我們理解，為什麼一些孩子會提出許多表面上看來毫無目的的問題，他們的詢問不是為了知識，而是為了找到能表達知識的詞彙。

因此，父母在訓練孩子語言表達能力的時候，要盡可能多地讓孩子接觸大自然，把孩子的語言學習與傳授給他的知識結合起來，這樣的效果往往比較好。

德國心理學家威廉·馮特（Wilhelm Maximilian Wundt）出生時是「白痴」，他的父親著重對他進行語言教育。

當他剛會辨認物體時，他父親就教他說話，在他能聽懂話時，就天天講故事給他聽，帶他觀察家鄉的地形，畫家鄉地圖，讓他講自己的見聞。六歲時教他學外語。

結果，他九歲時就能懂五國語言，最後成為著名的心理學家，一位被認為「白痴」的兒童在語言教育的開發下成材了。

也許父母們不相信，大自然對於孩子來說，簡直就是他

們的樂園。孩子們能夠在大自然中獲得輕鬆，在大自然中獲得知識，也在大自然中獲得成長。如果家長們善於利用大自然，不僅孩子的語言能力能夠獲得發展，其他智慧也都能夠獲得發展。

讓我們來看一個特殊的例子：

美國作家海倫（Helen Adams Keller）從小是個失聰的孩子，但是，她的老師沙莉文（Anne Sullivan）仍然像對待一個正常孩子一樣來教育海倫，訓練海倫的語言能力。

沙莉文曾經這樣記錄對海倫的語言教育：

「在海倫早期的語言學習階段，我總是引導她到大自然中去獲得快樂，讓她在田野裡奔跑，觀察各種感興趣的東西，了解各式各樣的動植物。

「其實，孩子們到了適當的環境中，他們就會自己教育自己。

「對於老師來說，教孩子語言首先要找出孩子的興趣所在。我從不為了教語言而刻意去編造對話，交談應該自然而然，並且以交流為目的。老師就應該引導和啟發孩子感興趣的問題，並注意回答孩子急於想知道的問題的答案。當我明白海倫急著要告訴我什麼事情，但由於不會運用詞彙而無法把它表達清楚時，我便及時地把這些詞彙和常見的習慣用語教給她，這既能激發她學習語言的興趣，也能有效地提供給

她有用的訊息。」

可見，海倫早期的語言教育是透過在日常生活中不斷的實踐活動來學習的。她接觸的是鮮活的語言，沙莉文老師盡可能地避免了那些令人費解的語法規則、定義、術語、例句等。孩子在日常生活中與各式各樣的事物打交道，就能學會用各式各樣的方法來不斷練習語言，從而學會正確地運用這些語言。

因此，父母們要多帶孩子到大自然中去玩耍，從大自然中去感受人生的快樂，在大自然中學習各種知識和能力。

猶太人口才的啟示

佛洛伊德（Sigmund Freud）家裡經常召開「家庭會議」。依據猶太教的規定，父親是當然的「會議主席」。家庭會議要討論家中遇到的一切難題和重要事務。家中的每一個成員，包括年幼的、未成年的孩子都要參加，並可以發表意見或舉手表決。在這些會上，佛洛伊德往往發表令人信服的意見，以致連他的父母也不得不放棄自己原來的意見，而採納佛洛伊德的意見。

有一次，家庭會議研究給佛洛伊德的小弟弟取什麼名字的問題。佛洛伊德主張給這位比他小十歲的弟弟取名亞歷山大。他解釋說，亞歷山大大帝是一位見義勇為的英雄。他還

向大家滔滔不絕地引述了與此有關的一段關於馬其頓凱旋進軍的故事。最後，全家人都接受了他的意見，給小弟弟取名亞歷山大。

在古代的猶太社區裡，時常會有很多人聚集在一起，這是因為社區裡有事情商量，他們要對相關重大問題進行討論。

在討論的時候，主持會議的老年拉比總是讓一些年輕人先發言，然後再讓那些有點資歷和經驗的人發言，然後大家自由地討論和辯論，最後是年老的、富有權威的拉比根據大家的意見，進行公正地評價和總結，並作出決定。

在《塔木德》（Talmud）裡，也有這樣的規定，在猶太法席上，首先由年輕的法官發言，然後大家再依次發言。這樣在猶太人的內部就形成了讓年輕人首先發言的體制，這個體制或慣例讓猶太人一直保持了新鮮的氛圍。

對於為什麼讓年輕人首先講話，《塔木德》有這樣的討論，一個人對另一個人說：「師從年輕人猶如什麼呢？猶如吃不成熟的葡萄，從酒甕裡喝酒；師從長者猶如什麼呢？猶如吃熟的葡萄，喝陳年的老酒。」而另一個人則反駁說：「不要看瓶子如何，而要看裡面裝的是什麼，新瓶可能裝著陳酒，舊瓶也許連新酒也沒裝。」

如果年輕人在眾多上了年紀、頗有資歷甚至是經驗豐富

的人面前發言感覺拘謹而羞澀的時候，他們的拉比就會熱心地鼓勵他們：「真理面前是沒有老少的，你和我都要聽從真理的召喚；你們最有熱情和想像，試試你們的能力吧。我們相信所有人的發言都是有用處的，你們的發言也是一樣的。」結果有不少年輕人的發言總是讓大家感覺到新奇，他們朝氣蓬勃的精神總是讓在場的人感覺到火一般的熱情。

　　這種做法也要求年輕人具備良好的語言表達能力，客觀上要求他們在平時鍛鍊自己的語言能力。美國猶太教士戴魯希金寫道：「言詞咄咄逼人、步步緊逼，是大家熟知的猶太人個性。」在十九世紀的東歐，有一句諺語說：「保佑我不再受基督徒的手和猶太人的舌頭傷害。」只要看看電視轉播的以色列國會辯論，你很快就可以理解。在企業界、法庭和藝術領域，表達自己意志或意思的能力經常是成功的一種利器。

　　猶太人在家庭教育中，尤其重視語言教育。可以說，良好的語言能力是猶太人生存的基本要求，所以猶太人家庭從孩子幼年開始就注重孩子語言能力的培養。他們認為，語言是一切學習的基礎和最有利的工具，語言能力的高低與智力測驗的成績關係極為密切，語言能力越強的人將來大都能夠學得更多、更快，而且不管做什麼事都比較容易成功。

　　心理學認為人的語言潛能發展的關鍵期是幼兒期。應多

讓孩子說話，多聽孩子說話，多跟孩子說話，多給孩子提供表達自己的機會，讓他大膽地表達自己。不給孩子說話的機會和流暢表達語言的機會，對他一生的發展都沒有好處。所以家長們要重視孩子語言的發展。

教孩子說話的最好方法是與家人對話。你越是能與孩子講話，孩子就越有可能模仿。

有的猶太人父母定期在睡覺之前與孩子交談，有的每週都有固定的時間在飯桌上與孩子隨意談話，還有的在長時間散步或開車出行時，充分利用一對一的對話機會。這些談話是「隨意」的，但實際上是有意識的，是雙方想法的實事求是的自然表露。

父母要以身作則

父母和孩子的說話方式，會深深影響孩子從周圍環境中學習的方法和內容。前史丹佛大學心理學和教育學教授羅伯特・赫斯博士認為：「家庭語言環境可以直接影響孩子的思維能力。」

舉一個例子來說吧，當母親正打電話時，寶寶在旁邊吵鬧，身為母親通常會有怎樣的反應呢？第一個母親可能會粗暴地對寶寶大喊：「別吵啦！」而第二個母親則可能會這樣對寶寶說：「我現在正在打電話，請安靜幾分鐘。」如此一

來結果大不相同，第一個母親的寶寶學到了對粗魯命令的服從和對母親的恐懼，而第二個母親的寶寶則理解和遵守了兩個原則：必須在他人打電話時保持安靜，必須與他人合作。赫斯博士認為，僅僅要求寶寶「別吵啦」的單一命令，不太可能使寶寶把他的行為與正在發生的事情聯繫起來。相反，一個比較複雜的口頭請求則能鼓勵寶寶去思考自己的行為，並將其行為與周圍的人和事進行聯繫。因此，第二個母親的寶寶在以後遇到類似的情況時就會以更成熟的方式進行反應。

學齡前兒童的模仿力是極強的，作為孩子學習語言的第一任老師 —— 父母，說話做事時一定要為孩子作出表率。美國心理語言學家 F·R 施萊伯說：「要想知道你孩子將來的語言如何，就必須先研究你本人現在的言語。」

如果父母在孩子面前粗話、髒話隨便說，對孩子的身心健康和語言發展都會產生不良影響。為此，年輕的父母在孩子面前一定要注意自己的一言一行，萬萬不可粗心大意。

赫斯博士觀察發現：在學齡前期，讓兩個孩子接受不同的交流形式和不同的學習刺激，會產生不同的智力和語言能力。例如，孩子的詞彙量是由和他交談的次數所決定的。交談的次數越多，孩子掌握的詞彙也會越多。如果你經常與孩子交談，到兩歲時，他就能掌握豐富的詞彙；兩歲半時，他就可以進行正常交談了。

一個好的「語言模式」是孩子學習語言的重要方式。讚揚孩子為學習所付出的努力，並溫和地糾正孩子的言語錯誤，會對孩子的語言學習有極大的幫助。如果家長因為事務太忙而無暇與孩子交流，或自己經常說一些不符合語法的話，並且對幫助孩子發展語言又不感興趣，往往會使孩子在掌握語言技巧方面面臨較大的困難。

良好的語言交流能幫助孩子表達自己的感受和需要。當他們想說什麼但找不到合適的詞去表達時，請積極提示他，讓他盡快掌握更多的詞彙。一旦能清楚地溝通，他將會感到非常高興。幼兒期的孩子經常發怒，正是因為他們不能成功地對父母或保母表達自己的需要。對孩子要多採用正面鼓勵的方式來談話，應盡量避免使用否定性評價。

一位家長的經驗

語言能力的培養，是兒童早期教育的核心內容之一。為人父母，誰都希望自己的孩子早點學會用語言自如地表達想法、感情、願望、要求等。因此，從兒子剛剛學著說話的那一天開始，我就與妻子一起對兒子語言能力的開發做了種種嘗試。

孩子的心靈是一張白紙，可塑造性極強。因此我們並沒有把孩子僅僅當作一個小淘氣，更多的是把他當作一個可以

交心談心的朋友。對許多事情，大到國家大事，小到家庭瑣事，我們都有意識地讓兒子參與討論，並自由發表意見。當然，小孩子的看法常常是幼稚可笑的，但經過不斷「點撥」，兒子的吸收能力很強。

　　好書是人類智慧的寶庫。幾年來，我們將兒子需要的不少圖書請進了家裡，像《伊索寓言》、《安徒生童話》、《三國演義》、《水滸全傳》、《西遊記》以及《四書五經》、《唐詩三百首》等。我們利用點滴時間，如接送兒子上幼兒園、一起開車出去玩的時候，給兒子耐心講解；每天還抽出半個小時，與兒子一起誦讀古詩文。此外，一些故事生動、內容健康的光碟、磁帶也成為兒子的好夥伴。日積月累，兒子肚子裡的知識漸漸多起來了。幼兒園老師告訴我們，去年兒童節，班上去公園遊玩，我們的孩子能對著那一組組寓言雕塑繪聲繪色地給小朋友們講解。還有一次，我帶兒子到黃鶴樓參觀，看到蛇山上屹立的岳飛像，兒子脫口背出了〈滿江紅〉，這首詞我們沒有教過他，他是在玩玩具時聽過幾遍CD，不料就背下來了。

　　名山勝水是無聲的語言精品；田園鄉村是無形的本色文章。我們出外旅遊總是盡可能把孩子也帶上。去年元旦，我們去香港遊玩，帶不帶兒子去？考慮了很久，最後不惜多花新台兩萬多元，讓兒子也去長長見識。我的家鄉在鄉下，

每次帶孩子回去探親，他都高興極了，牽著牛吃草，到池塘裡游泳，給家裡養的大黑狗餵餅乾，樂不可支。實地觀察體驗，兒子不僅學會了許多新名詞，更可貴的是，兒子對這些事物有了印象深刻的感性認知。

同樣是幾句人們都會講的話，從修養濃厚的老師口中講出來，訊息的含金量不同，產生的效果也有顯著的差別。有一次，有位著名演員舉辦「唐詩、宋詞、楚文化」精品朗誦，我們帶兒子到現場觀看演出。兒子對演員先生抑揚頓挫、有板有眼的誦讀特別有興趣。

提起寫作，不少成人也感到頭痛。其實，言為心聲。人人都有喜怒哀樂，人人都可以「創作」。每次兒子猜完謎語後，我們就讓他隨便選幾樣身邊的事物，編成謎語給我們猜。幾個回合下來，兒子編得還真是那麼回事了。不僅如此，每當兒子對一些自然風物、人文環境觸景生情，我常常不失時機地鼓勵他編些兒歌表達。有一次，我帶兒子去江邊玩，只見大江奔流，沙鷗奮飛，兒子激動得連聲叫好，我提醒他寫一首兒歌，他不假思索地應聲吟道：「船兒漂呀漂，捲起雪花浪。人在江上行，沙鷗天上飛。」

語言能力的發展，是孩子綜合素養的體現，是多途徑、多形式長期訓練的結果。幾年來，對兒子語言能力的開發實踐，使我越來越驚嘆於孩子語言潛能的巨大，而自己實際所

第四章　提升孩子的交際口才

做的微乎其微。身為一名家長，我樂意同老師和其他家長一起共同探索前進。

第五章

幽默的孩子討人喜歡

丈夫打電話來，說今晚有應酬，不能回家吃飯了。兒子問：「媽媽，什麼是應酬？」

媽媽向兒子解釋：「不想去但又不得不去，就叫應酬。」

兒子恍然大悟。第二天早上他要上學了，出門時對媽媽說：「媽媽，我要去應酬了。」

美國著名作家馬克·吐溫（Mark Twain）曾經說：「讓我們努力生活，多給別人一些歡樂。這樣，我們死的時候，連殯儀館的人都會感到惋惜。」馬克·吐溫的話既具幽默感，又富有哲理。

幽默感是「情商」的重要組成部分。具有幽默感的孩子大多開朗活潑，因而往往更討大家的喜歡，人際關係也要比不具幽默感的孩子好得多。幽默不僅是一種可愛的個性，而且還是一種可貴的品質。可以這樣說，培養孩子的幽默感也是素養教育的一個有機組成部分。

社交、幽默與孩子

社交是一個廣義概念，泛指人的互動與交流。要想生活與事業雙豐收，就得擁有良好的人緣 —— 用現代時髦的詞叫「人脈」。而要想擁有好人緣，就離不開優秀的社交本領。社交的成功，意味著彼此喜歡、彼此信任，並願意互相幫助、互相支持。而要想取得社交的成功，方法、因素固然很多，

但幽默的作用卻是任何別的方法和因素都無法代替的。

幽默是社交之中的潤滑劑，能使難解的麻紗順暢解開，還能使激化的矛盾變得緩和，從而避免出現令人難堪的場面，化解雙方的對立情緒，使問題更好地解決。美國作家特魯講：「當我們需要把別人的態度從否定改變到肯定時，幽默力量具有說服效果，它幾乎是有效的處方。」他還說：「幽默幫助你解決社交問題。當你希望成為一個克服障礙、贏得他人喜歡和信任的人時，千萬別忽視這種神祕的力量。」

幽默不僅能化解矛盾和衝突，而且還是心靈溝通的藝術。人們憑藉幽默的力量，打碎自己的外殼，主動地與人交流，觸摸一顆顆隔閡的心，透過幽默使人們感受到你的坦白、誠懇與善意。在嚴肅的交談和例行公事般的來往中，往往給人戴著假面具的感覺，也似乎只能讓人了解你的外表，卻無法探知你的內心，這樣的交流是極難深入下去的，而沒有心靈溝通的社交，不能算是成功的社交。幽默可以讓人們看到你的另一面，一個似乎是本質的、人性的、純樸的一面，這是人性的共同之處。

幽默感是什麼？專家解釋，所謂的幽默感就是透過語言或肢體語言的表達方式，讓與自己互動的對象感到愉快的言語或舉止。有這種言行舉止的人，我們稱為具有幽默感的人，他們也是受人歡迎的人。

第五章　幽默的孩子討人喜歡

具有幽默感的孩子通常很樂觀,在生活中不斷地製造歡笑,讓周圍的人感到輕鬆愉快,自己也會富有成就感和自信。因此具有幽默感的孩子,也較其他孩子容易獲得友誼。

研究發現,孩子幽默感的發展與下面三個因素有關:

第一,語言認知能力。孩子的語言認知能力發展到某個程度後,當他聽到或看到某件有趣的事時,經過判斷,就會發出哈哈的笑聲。孩子的幽默感與成人的幽默感是不同的。

第二,父母的關懷。在三歲前得到父母疼愛與照顧的幼兒,會表現出比較好的幽默感。因此,要使孩子成為一個性情開朗、具有幽默感的人,父母應多給予孩子愛與關懷。

第三,愉快的學習氣氛。在孩子成長學習的過程中,若總是處於一個輕鬆、愉快的學習氛圍,會使孩子體驗到快樂,並促使他以快樂的心情來看待周圍的人或事物,有利於幽默感的形成。

誰說孩子不懂幽默

嬰兒剛來到世間,往往用哭聲來表達他對吃、睡眠和擁抱的需求,但這還不是社會交流。直到約滿月以後,人生第一個微笑的出現才是傳達他們想要交流的訊息。

大約在四五個月的時候,寶寶無聲的微笑會變成發出聲音的咯咯大笑,在接下來的半年時間裡,他們會逐漸理解幽

默的含義。一個認同並支持幽默的家庭環境對培養孩子的幽默感是很重要的。這裡我們將告訴你一些讓寶寶笑的竅門，以便你們更好地溝通。

寶寶的第一個笑容通常是對逗他的人（媽媽和爸爸）的回報。據邁阿密大學的教育心理學教授多雷士・伯根（Dris Bergen）說，父母的鬼臉、可笑的聲音會讓寶寶覺得有趣並興奮起來。當父母發出有趣的聲音時，他們的情感電波會傳遞給孩子，孩子會因此感到安全和滿足，他會手舞足蹈地笑。

一段時間後，能夠令嬰兒咯咯大笑的是身體上的快樂：父母邊拍他的肚子，邊發出啞舌頭的聲音；搔他的腳底；把他舉起來，輕輕地在空中拋。大約四個月的時候，孩子會因為他所看到和聽到的事物而微笑，當你誇張地瞪大眼睛，張大嘴巴，並發出「突、突」的聲音時，他會因為這種極其簡單的傻動作而咯咯大笑。

寶寶咯咯笑的時候意味著他正在享受，但此時他對幽默還沒有真正的意識，在接下來的六個月中他會逐漸形成對幽默的辨認能力。

寶寶九個月的時候，幽默感開始出現了。雖然他仍會因為你拍他的肚子而快樂，但他的笑容會反映出對世界更高級的理解。這種理解表現為下面幾種幽默：

第五章　幽默的孩子討人喜歡

- **破壞規則**：亂扔食物或是把玩具扔得到處都是會讓寶寶興奮地大叫。發現這些行為的樂趣代表孩子已經懂得什麼是規則，並知道怎樣去破壞規則了。

- **消失的東西**：類似的遊戲包括捉迷藏和變魔術等。當將要發生的事情符合孩子的預計時，他就會快樂地大笑。這種幽默感說明孩子已經抓住了事物的本質 —— 那些暫時從視線中消失的事物仍然存在。

- **悖論式的幽默**：這種遊戲的獲得首先要有令人吃驚的元素，即嬰兒認為某件事情將會發生，然而結果卻與他預料的完全不同。比如說跟他玩分離遊戲，告訴他媽媽要走了，要去上班了，當寶寶因為媽媽的離去而大哭時，媽媽又探頭出現了。這個時期的孩子已經有了一些邏輯思維，他知道什麼將會發生，也有能力注意到應該發生的事沒有發生。

在孩子生命的第一年，悖論式幽默很大程度上是基於視覺的刺激。但在第二年，當蹣跚學步的孩子開始使用語言時，幽默表演的範圍被大大擴展了。

大約兩週歲的時候，你的寶寶已經會模仿遊戲了。當你開始一個遊戲時，他能熟練地跟著你的節拍，甚至在你押韻的兒歌中替換一個他所熟悉的詞。

幼兒期的寶寶會透過活動來吸引大人的注意。他們可以

輕易地發現他們就是舞台的中心，能夠得到他人的注意將使他們產生歡樂。寶寶會試圖做下列事情來逗樂周圍的人：

模仿讓他感到有趣的動作——把一張小毯子遮在頭上做青蛙跳，然後把毯子從頭上揭開。

用變化多端的表情和虎虎生威的運動展現自己。

變化事物的性質，取得喜劇的效果。比如把一隻鞋子穿在手上或是代表他的玩具娃娃講話等。

了解你的孩子，不要輕視那些讓他開懷大笑的傻事，請用心地扮演好一個「傻瓜」，從寶寶出生起就培養他的幽默感。

四個角度打造孩子的幽默感

幽默感在兒童期教育與培養是完全有可能的，重要的是要根據兒童當前的需要，抓住時機進行滲透和引導，啟發孩子發散思維，幫助他們學會運用幽默。

首先，要創設幽默的氛圍和空間，以家長的幽默感染孩子。讓孩子在有幽默感的環境中生活是培養幽默感的最好辦法。家長每天和孩子生活在一起，最有條件向兒童撒播幽默的種子。在孩子一籌莫展時、遭遇挫折時以及提醒孩子應該怎樣做或制止孩子的某些行為時，家長都可以靈活運用幽默的方法。例如，有個孩子養的一盆花快枯萎了，家長幽默

第五章　幽默的孩子討人喜歡

地說：「哎呀，你沒讓它喝牛奶，它的營養太缺乏了！」這個孩子恍然大悟，隨即也幽默地說：「看來得幫它加強營養啦！」後來，他替花施肥、澆水，這盆植物長得越來越好。

幽默可以代替缺乏親切感的責備，可以代替沒味道的提醒和多餘的嘮叨。它給孩子帶來了新奇和有趣，它讓孩子愉快而有效地接受家長的指導。

其次，要培養孩子充滿自信，有積極樂觀的心態。幽默的心理基礎是樂觀、積極向上的心態。要培養孩子抵抗挫折的能力，不怕失敗，能看到事情積極的一面，不是一味地悲觀失望。真正幽默的人，不怕別人嘲笑，而且非常善於自嘲，這種自嘲實際上是建立在自信的基礎上的。在日常生活中，我們要引導孩子建立自信，尤其是內向的孩子，要經常引導他從實踐中獲得成功的體驗，看到自身的力量，這樣，他們才會有幽默的資本。

第三，提升與豐富孩子的語言表達能力。豐富的詞彙有助於表達幽默的想法。如果詞彙貧乏，語言的表現能力太差，那也無法達到幽默的效果。父母平時可以多給孩子講講幽默故事、機智故事、腦筋急轉彎等，訓練孩子思維的敏捷性，豐富兒童的詞彙。父母在希望孩子具有幽默感的同時，請別忘記自己孩子的個性特點。有的孩子比較活潑，有的孩子比較內向，他們所表現出的幽默感的形式也會有所不同，

有的比較外露，有的比較含蓄。幽默來自人豐富的內涵，隨著知識面拓寬，閱歷增加，舉止談吐自然會有所改變。父母們不要操之過急，要耐心豐富兒童的內心世界。真正的幽默是自然而然表現出來的，千萬不要為了幽默而幽默，變成冷嘲熱諷，或者變得油嘴滑舌。

第四，要注重日常生活中的點滴培養。兒童幽默感的培養可隨時在日常生活中進行。如飯前飯後，請小朋友說謎語講笑話；針對某件事或某個情節讓孩子編一句有趣的話；抓住別人幽默風趣的話進行即時點評等。此外，在孩子與同伴的交流發生困難時家長可以引導孩子學習用幽默的方法自主解決困難；告訴孩子需請同伴幫忙如何運用幽默；指導孩子用幽默的方法向別人提出批評或建議；用幽默的方法向別人提出分享的願望等。讓孩子在生活中學習和運用幽默，促進交流能力的發展。

孩子的幽默感一旦形成，對其一生都將產生積極的影響。具有幽默感的孩子大多開朗活潑，往往更討大家的喜歡，人際關係也比不具幽默感的孩子好得多。幽默還能幫助孩子更好地應對生活和學習中的壓力和痛苦，因而幽默的孩子往往比較快活、聰明，能較輕鬆地完成學業，甚至擁有一個樂天、愉悅的人生。

第五章 幽默的孩子討人喜歡

幽默需要父母的薰陶

　　有的孩子從小就對幽默表現出極強的理解力和表現力。爸爸帶著兒子氣喘吁吁地爬到山頂。爸爸說：「快看哪，我們腳下的一片平原景色多好！」兒子回答：「既然下面的景色好，我們幹嘛要花三個小時爬到上面來呢？」

　　每位父母都希望自己的孩子能灑脫地面對生活、課業及將來工作中遇到的問題。幫助孩子開發幽默感，保持家庭中的幽默氣氛很重要。以下是一位媽媽的經驗：

　　在兒子六歲的時候，一天，丈夫因公司加班，晚上很晚才回來。他問兒子幾點睡的，我說：「九點就睡了。睡前我給他講了一個笑話：饅頭和麵條打仗，饅頭被麵條狠狠地打了一頓，打得遍體鱗傷。饅頭心想，有朝一日，我一定要報仇。一天饅頭看見泡麵了，不分青紅皂白地把泡麵一頓痛打，泡麵帶著哭腔說：『我倆無冤無仇，你幹嘛要打我呀？』饅頭氣呼呼地說：『你以為你燙了髮，我就不認識你了？』」

　　丈夫聽到這兒，哈哈大笑，把兒子笑醒了。他只穿著小內褲從他的房間跑來，他爸爸說：「臭小子，你以為你不穿外衣我就不認識你了？」兒子睜著睡意蒙矓的眼睛，看著剛敷上面膜的爸爸說：「您以為您敷了面膜我就不認識您了？」

　　類似這樣的對話在我家裡經常有，從而使家裡的氣氛比較活躍、輕鬆，兒子也變得更加幽默了。同時在與孩子的交

流中，我們從孩子身上也獲得了許多智慧。

幽默感來源於良好的心態，樂觀的個性。父母要培養孩子有一個良好、開朗的心態，一定要使自己在生活中充滿豐富的幽默感，並且在與人們的交流中取得大家的信任和支持，為孩子做出榜樣。對孩子來說，幽默感是智慧、開朗的個性甚至是成功的開始。

有的孩子還會像大人那樣，用幽默來製造輕鬆的氛圍，以達到自己小小的目的。夏季的一天，爸爸帶著五歲的女兒去公園玩，女兒拉著媽媽的手，指著旁邊一個冷飲攤，詭祕地說：「媽媽，讓我買個臭雪糕吧！」

令人吃驚的是，如果孩子不能成功地達到目的，他們有時還會用幽默來解除尷尬。一般來說，孩子愛喝有甜味的飲料。一天晚上睡覺前，孩子聲稱：「我渴了！」媽媽很快端來一杯白開水。孩子望著櫃子裡的飲料說：「我想喝點有味道的！」媽媽明白他的意思，故意嚴肅地問：「什麼味道？」孩子看看媽媽的表情，連忙改口：「我想喝點藥水……」

孩子長到六七歲，有了簡單的邏輯推理和初步的創造性思維，孩子的幽默感開始表現出一定的機智。孩子打電話給在外地出差的爸爸，告訴爸爸：「媽媽做了好多好吃的水餃！」爸爸說：「真想吃啊！」孩子調皮地說：「爸爸，你的聲音可以從話筒裡傳出來，把你的嘴巴也從話筒裡伸出來，那不就吃到水餃了嗎！」

第五章　幽默的孩子討人喜歡

　　但在實際生活中，並非所有的孩子都具有幽默感。幽默感來自良好的心態和樂觀的個性，更來自家庭環境，尤其是父母的薰陶。幽默感是需要培養的，可以說，父母不具備幽默感，孩子在小時通常也很難具備幽默感。一個具有幽默感的人在與人們的交流中更容易取得大家的信任和喜愛，孩子的身心也會得到和諧的發展。健康從幽默開始。

美國家長鍾情於幽默教育

　　美國著名的五星上將麥克阿瑟將軍（Douglas MacArthur），在他為自己的新生兒所寫的祈禱文中，除了求神賜他兒子「在軟弱時能自強不屈；在畏懼時能勇敢面對自己；在誠實的失敗中能夠堅忍不拔；在勝利時又能謙遜溫和」之外，還向上帝祈求了一樣特殊的禮物 —— 賜給他兒子以「充分的幽默感」。可見，幽默是人生多麼值得擁有與追求的饋贈。

　　在美國，不少父母在嬰兒剛剛出世才六周時便開始了他們獨特的「早期幽默感訓練」。一個典型的例子是：當父母故意抱著孩子做「下墜」動作時，一些孩子在體味下落感的同時，還會無師自通地意識到是大人在跟自己鬧著玩，小臉可能會漾起笑容。一歲左右的孩子已對他人的臉部表情十分敏感。在他學步摔倒時，不妨衝他做個鬼臉以表示安撫 —— 此時他往往會被你扮的鬼臉引得破涕為笑。

　　兩歲時的幼兒已能從身體或物品的不和諧中發現幽默。三歲幼兒的智力已發展到能意識不和諧中潛藏的幽默感。當媽媽故意戴上爸爸粗大的男式手錶時，孩子見了即會一邊搖頭一邊大笑不止。你還可以默許孩子裝模作樣戴上爺爺的大禮帽，手持拐杖，行步蹣跚，他會邊模仿邊大笑。四歲左右的孩子格外喜歡「扮家家酒」，或扮卡通人物。當你發現你的兒子與鄰家小女孩正在快活地扮演王子和公主角色，並演得十分投入時，你不僅不要阻攔，而且自己還可以客串進來扮演個壞蛋之類的小角色。

　　待孩子長到五歲至六歲時，便可能開始對語言中的幽默成分十分敏感。如同音異義詞和雙關語的巧用，繞口令的學習，都能使他們感到趣味盎然。與此同時，你也應鼓勵孩子學習猜謎，甚至由孩子自己編一些簡單的文字謎語。七歲的孩子大多已上學，他們往往喜歡講笑話、聽笑話。如果此時大人們能作出引導，讓孩子知道什麼是粗俗、什麼是幽默，那當然更是明智之舉。八歲以後的孩子已初具幽默感，父母應注意傾聽孩子回家後講述的關於學校生活的小笑話，並發出會心的歡笑。這也是父母對孩子的幽默感做出肯定的表示。

增加孩子幽默感的遊戲

研究顯示，人的幽默感大約有百分之三十是與生俱來的，其餘的百分之七十則須靠後天培養。下面這些有趣的小遊戲，可以幫助父母更好地培養孩子的幽默感。

遊戲一：做鬼臉（適合零歲以上孩子）

研究顯示，剛剛出生兩天的新生兒就能模仿成人簡單的面部表情，有趣的面部表情是培養孩子幽默感的重要方式之一。

遊戲方法：

1. 對著孩子吐舌頭，觀看孩子的反應。注意吐舌頭時，速度要比較慢，以便孩子能夠完整地觀察到父母吐舌頭的全過程，並學習模仿。

2. 瞪著眼睛，使用力起臉頰，將孩子的兩只小手放在臉頰兩側，輕輕地擠壓臉頰，然後往外吐氣。

3. 讓孩子抓父母的耳朵，當他抓到耳朵時，對著他吐出舌頭。

4. 讓孩子去摸父母的鼻子，當他摸到鼻子時，用力皺眉，縮緊鼻子上部的肌肉。

遊戲小提醒：和比較小的孩子做這個遊戲時，父母處於主導地位，重心在於吸引孩子的注意，讓他從這種遊戲中獲得一些愉快的體驗，並嘗試學習父母的動作；和大一點的孩

子遊戲時，要讓孩子成為遊戲的主導者，重點在於鼓勵他創造性地玩出更多的花樣。

遊戲二：搔癢（適合一歲半以上孩子）

讓孩子開心地笑是培養幽默感的第一步。孩子天性好動，一些花樣翻新的動作會帶給他更多新鮮感，提升他參與的積極性，讓他在活動中笑聲不斷。

遊戲方法：

1. 將孩子抱在懷裡，搔他癢，讓他在父母的懷裡嬉笑著掙扎躲閃。然後停一下，當他期待父母再次搔癢時，繼續遊戲。

2. 和孩子面對面坐在床上，以孩子伸直手臂其手指尖恰好碰到你為宜。父母身體前傾搔孩子癢，直到孩子仰身倒在床上。然後父母坐直，等待孩子來搔癢。如此反覆。也可以不設規則，大家看好機會出擊，訓練孩子的反應能力。

3. 和孩子面對面站著，伸出手臂搔他癢，追著他跑。反過來，當孩子追著父母跑時，為了增加遊戲的趣味性，父母可以假裝追不上，讓他搔癢，然後縮成一團，不停地掙扎，用顯得一敗塗地的樣子來逗他開心。

- 父母裝出一副嚇人的模樣，張牙舞爪地假裝要搔他癢，但並不真的搔他癢。讓他體驗到不同的幽默方式。

第五章　幽默的孩子討人喜歡

　　遊戲小提醒：和孩子玩這個遊戲時，除了實實在在地搔他癢之外，更多地要透過各種誇張的表情與動作來增強遊戲的趣味性，讓他在父母這樣的反應中學會表達自己的幽默感；此外，和孩子嬉鬧時要有張有弛，免得孩子過於興奮而被嗆到或者碰撞到。

遊戲三：裝傻（適合兩歲以上孩子）

　　一些超乎尋常的行為與語言裡面常常包含了更多的幽默元素。故意出錯，一些看起來毫無意義但是與平時表現截然不同的行為都是訓練孩子幽默感的好素材。

　　遊戲方法：

1. 和孩子一起發出一些傻乎乎的聲音，比如「哇啦啦啦」、「嗯……」、「蒙……」，然後大家一起哈哈大笑。

2. 做一些違反常規的動作，比如假裝搞錯了，把襪子當手套戴在手上在孩子面前走來走去，然後恍然大悟似地發現自己的錯誤，裝出一臉羞愧難當的模樣。

3. 故意說錯話，比如把「媽媽」說成「爸爸」，「爸爸」說成「寶寶」，「電話」說成「電視」等，說的人一本正經，旁邊別的大人則哈哈大笑。聽到別人笑，說的人則故意裝出一副不知道大家為什麼哈哈大笑的樣子，傻傻地追問：「你們笑什麼？快告訴我，你們笑什麼？」

4. 故意做錯事或者說錯話，然後自己恍然大悟地說：「哦，我說錯了。」「呀，我又做錯了。」假裝明白自己錯在哪裡，並且一副十分懊悔犯了錯誤的樣子，但是就是不改正，偏偏總在犯同樣的錯誤。

遊戲小提醒：設計這種遊戲時，最好能有些喜劇性的衝突效果，以增強遊戲的幽默成分。在和孩子遊戲時，父母要全身心地投入，不能以敷衍的方式對待孩子。

童趣幽默集錦

幽默感是可以透過後天的不斷學習、訓練、培養而逐步提升的。那麼怎樣培養孩子的幽默感呢？最簡捷的辦法就是讓孩子多讀、多看、多聽幽默的作品，從中汲取他人幽默中的智慧。以下為編者精選的幾則幽默。

「我們玩動物園的遊戲吧！」六歲的卡爾對小妹妹說。

「怎麼玩呀？」

「很簡單，我當小猴，你當遊客，餵我核桃、花生和巧克力！」

三歲的寶寶很淘氣，常惹媽媽生氣。有一次，寶寶好奇地問媽媽：「你頭上怎麼有白髮，它從哪裡來的？」

媽媽答道：「每當孩子不聽話，父母就會長出白髮來！」

寶寶聽後，大眼睛眨了幾下，說：「噢！媽媽，我知道

了，為什麼外婆的頭髮全白了！」

哥哥上了地理課後，知道地球的形狀、自轉和公轉等知識，就對四歲半的弟弟說，地球是圓的，每天都在轉。

弟弟聽了，忽然醒悟道：「難怪我走路常常跌倒！」

女兒在廚房洗碗盤，電話鈴響了。

她拿起電話，回答說：「媽媽大概在洗澡，請你等我去看看。」

她伸手扭大了熱龍頭，浴室裡馬上傳來一聲尖叫！

她關小龍頭，拿起話筒，接著說：「是的，她在洗澡。」

一家人正在吃西瓜。

五歲的兒子問：「爸爸，是瓜都能吃嗎？」

爸爸說：「是的，比如南瓜、黃瓜、冬瓜……」

兒子不等爸爸說完，搶著問：「那傻瓜也能吃嗎？」

爸爸對小華說：「你越來越不像話了，晚上也不複習功課，只知道去俱樂部玩。我到俱樂部下棋，十次倒有九次看到你！」

小華回答說：「那您比我還多去一次呢！」

爸爸：「凡物熱則脹，冷必縮，這是一定的道理。」

兒子：「原來如此，怪不得昨天我的指頭被火燙了，馬上就長了一個泡。」

餐桌上，兒子美滋滋地吃著雞蛋。

「好吃嗎？乖乖！」媽媽歡心地問。

「好吃。」

「你就知道吃，知道什麼東西生蛋嗎？」爸爸想考兒子。

「雞生蛋，鴨生蛋，鵝生蛋。」

「還有什麼生蛋？」

「還有，還有呢？」爸爸不停追問。

「……」兒子被問住了。過了一下才回答：「媽媽也生蛋！」

媽媽目瞪口呆，爸爸大聲地訓斥兒子為「笨蛋」。兒子不服氣，嚷著說：「你看你看，爸爸常常罵我笨蛋，我不是媽媽生的嗎？」

數學課上，教師對一位學生說：「你怎麼連減法都不會？例如，你家裡有三個蘋果，被你吃了兩個，結果是多少呢？」

這個學生沮喪地說道：「結果是被哥哥打了十下屁股！」

父親：「孩子，爸爸處罰你是因為爸爸愛你！」

兒子：「這我知道，爸爸，但我覺得我不應該得到這麼多的愛。」

老師：「難道還有什麼事情比我們咬開一個蘋果時，發現裡面有一條蟲子更糟糕的嗎？」

學生：「有，發現半條蟲子。」

第五章　幽默的孩子討人喜歡

　　一個七歲的小女孩趁媽媽不在，假扮起媽媽來。可是她稍長一些的哥哥對她以媽媽自居很不服氣。所以故意為難她說：「你不是自以為自己是媽媽嗎？那你知不知道九十九乘以五是多少？」

　　小女孩不慌不忙，模仿大人的口氣回答：「孩子，我沒空，問你爸爸吧。」

第六章

孩子交流中常遇到的障礙

某幼兒園曾做過五次測試：請數名幼兒從指定的幼兒手中取玩具。結果，有百分之九十以上的幼兒是動手搶或求助老師去取，只有極少數幼兒採取語言商量或用其他玩具交換的辦法獲得成功。許多幼兒只會把布娃娃等玩具假想成自己的夥伴，卻不能與真實的同齡夥伴友好相處和交流。

究其原因，主要是由於當前獨生子女家長在「四怕」心理驅使下，限制孩子們交流，致使較多的獨生子女陷入交流飢渴與交流低能的困境。所謂「四怕」，即怕孩子出門被欺負，怕孩子出外學壞，怕孩子外出遊玩耽誤時間，怕其他孩予上門玩弄髒了居室。

每一個人都是社會的個體，不能脫離現實社會獨立存在。孩子從依賴成人到獨立，從「自然人」轉變成為「社會人」，需要經歷一個良好的社會化教育環境，倘若兒童在社會化發展的過程中受到不良影響，就會表現出任性。事事以自我為中心、不合群、霸道、有攻擊性等行為，在影響人格發展的同時，也導致人際關係不良，最終降低其一生的成就與幸福。

不敢與人交流

有一個八歲的孩子，長著一副並不漂亮，甚至有些醜陋的面孔，他個子不高，很是膽小，同學們看了都覺得他很好笑。他的腿先天就有毛病，細小無力。在課堂上被老師叫起

來回答問題時，更是扭扭捏捏，站在那裡腿直發抖，說話含糊不清，幾乎沒人聽得懂。

認識他的人幾乎都認定他將來不會有什麼出息，然而父親對他說：「男孩子都應該有一番志向，你的志向是什麼？」

小男孩想了想，回答說：「我想當總統。」

父親並沒有嘲笑他的狂妄，而是嚴肅地說：「當總統，當然可以，但是你首先要改變自己，成為一個能影響別人的人。」

於是，這個內向、膽小、害羞的孩子，開始默默努力。他主動和別人說話，即使受到了別人的嘲笑，也毫不退縮；他不再經常一個人躲在房間裡看書，而是積極地參加各種團體活動。在聚會中，他總是積極發言，表達自己的觀點。人們驚奇地發現，以前那個不起眼的孩子，現在變得越來越了不起了。

最後這個男孩成為了美國歷史上第三十二任總統，也是美國歷史上最著名的總統之一，他就是富蘭克林·德拉諾·羅斯福（Franklin Delano Roosevelt）。

羅斯福是幸運的，由於父親的醍醐灌頂，他從一個個性內向、膽小害羞、不敢與人交流的「含羞草」變成了一個全世界都家喻戶曉的人物。而又有多少孩子是不幸的，由於父母的無知而葬送了一生！

第六章　孩子交流中常遇到的障礙

　　如果孩子自小就生活在一個封閉、缺乏溝通的環境下，缺乏與人交流的經驗，當父母發現後不及時處理或者是處理不當，那他長大以後，就可能會變得孤獨、冷漠、寡言少語，不敢和別人打交道。

　　孩子不與人交流有幾大心理障礙：

- **自卑心理**：有些孩子對自己缺乏正確的認知，在交流時缺乏自信，總覺得自己的不足太多，優勢太少，從而失去了勇氣和信心。

- **害羞心理**：有些孩子在與夥伴交流時，過多地約束自己的言行，表情羞澀，神情不自然，往往不敢充分表露自己的感情，尤其是女孩子，受到傳統習俗的影響，這種表現尤為明顯。

- **恐懼心理**：有的孩子在交流中，尤其是在大庭廣眾之下，會不由自主地緊張、擔心和害怕，以至於手足無措，語無倫次，嚴重的還會發展為社交恐懼症。

　　其實尋根究底，還在於現代社會這個大背景。沒有了四合院和兄弟姐妹，孩子能接觸的人和物只能局限在家庭這一小塊天地。大部分家庭只有一個孩子，不是因為父母忽略了孩子的成長，平時很少關心孩子，養成了孩子孤僻的個性，就是父母過於溺愛孩子，怕孩子在外面受欺負而限制孩子與人交流。

身為父母怎麼做才能很好地引導孩子交朋友、善於交際呢？

第一，讓孩子知道什麼樣的人才算好朋友。大家都知道要交「益友」，不交「損友」，意思就是要和正直的人、誠實的人、愛集體的人、愛讀書的人交朋友，不能與品德低劣、染有惡習的人交流。因為孩子年齡小、閱歷淺，所以父母除了講道理之外，還應介紹一些名人交友的故事，如馬克思和恩格斯的友誼。讓孩子意識到擇友的重要和應該選擇什麼樣的朋友。

第二，鼓勵孩子多參加團體活動。在團體活動中，孩子會自然而然地學會如何與人相處的基本知識。所以父母要多鼓勵孩子「拋頭露面」，讓孩子多參加各種活動。有客人來時，讓孩子參與接待；出外做客時，讓孩子注意成人間的交流。逐步地消除孩子心中的羞澀與恐懼感。

第三，培養孩子的興趣。孩子在某些方面有了特長，就會為他結識新朋友提供機會。心理學家托馬斯・伯恩特說：「友誼建立在共同興趣的基礎上。如果你的孩子朋友不多，那麼就努力培養他的多種興趣。這樣，在參加共同活動中，可以逐步建立朋友之間的友誼。」

第四，培養孩子開朗的個性。孩子個性開朗，才會愛交流、敢交流，不怕失敗和挫折，也不會感到沮喪，其交流能力才能得到顯著進步。

第五，指導孩子怎樣與朋友相處。在孩子交朋友的過程中，父母要不斷地進行指導：對待朋友要真誠坦率，以誠相待，嚴於律己，寬以待人。對待朋友要像春天般的溫暖，努力做到熱情、關心、彬彬有禮。處事要寬宏大量，不計較個人得失。每個人的個性、性情各有不同，交流中就要盡量尊重朋友的意願，主動尋找雙方都感興趣的事物進行交談。每個人都有心理敏感區，平時說話、玩笑時盡量避免刺激朋友心理敏感點，不要刺痛別人的「瘡疤」等。

第六，尊重孩子的意願。在孩子與人交流的過程中，儘管需要父母的指導，但父母也要尊重他們的意願，讓他們有一定的自主權。在選擇朋友方面，父母和孩子的意見常常會不一致，只要對方不是品行太差，還是盡量尊重孩子的意見，然後在他們交流的過程中，進行積極的引導和幫助。父母還應尊重孩子的朋友，歡迎他的朋友到家裡來做客。父母這樣做，既可以表示自己對孩子的尊重，也可以進一步密切與孩子的關係。

第七，成為孩子的朋友。家庭裡的事，盡量讓孩子參與，尤其是涉及孩子的問題應多聽一下孩子的看法。雖然孩子的意見不一定正確，但這樣做有利於幫助孩子樹立自信心，大膽地表達自己的看法。

有一句話說得好：你一個蘋果，我一個蘋果，交換一下，每個人還是只有一個蘋果；你一個想法，我一個想法，交換

一下，每個人至少有兩個想法。多與人交流和溝通，是孩子成長的必經之路。身為父母，為了孩子的明天，快快行動起來，讓孩子嘗試與人溝通的快樂吧。

過於軟弱

　　大千世界，芸芸眾生，或柔或剛，各有不同。每個人都有自己的個性，或堅強，或軟弱，若狡猾，或正直。而畏首畏尾、缺乏獨立、依賴他人、不敢說話，正是個性軟弱的表現。過於軟弱的孩子，在社交中不僅得不到別人的尊重，還很容易被人當成軟柿子捏來捏去。對孩子個性的軟弱表現應該加以重視，及時地進行指導和幫助。

　　對於經常受欺負的孩子，你既不能反應太敏感，更不能對他過於淡漠，不顧他的感受。孩子這時需要喚醒的是自尊心，有尊嚴的人是不允許別人侵犯他的身心的，即使是身體沒有力量，他也會不怒自威。

　　嘉銘已經三歲多了，從上幼兒園後每天回家都向父母告狀：今天哪個小朋友打他了，哪個小朋友推他了。媽媽開始時將信將疑，後來特地到幼兒園去了一趟，看見兒子一個人嘟著嘴，一聲不響抱著一個玩具，別的小朋友卻三五個的在一起玩遊戲。沒多久，一個身材壯碩的男孩子向兒子走過去。媽媽起初以為他要和兒子一起玩，緊接著看到的一幕讓

第六章 孩子交流中常遇到的障礙

人揪心：兒子一言不發，默默地把手裡的玩具送到對方手裡。對於嘉銘的懦弱表現，媽媽心裡難受極了。

經常可以聽到周圍有家長教育兒女：「別人打你時，你也打他！他怎麼打你，你就怎麼打他！」但想想總覺得不妥，以暴制暴太野蠻了，只會養成孩子暴力的習慣，但面對常受欺負的孩子，父母該如何教導呢？

兒童心理專家分析，通常總受欺負的孩子先天氣質類型較弱，神經受不了太激烈的刺激，因此在遇到競爭和壓力大的情況時，往往採取退縮的方式，保護脆弱的神經系統。但兩三歲左右，孩子的自我意識開始成長，於是，這些氣質弱的孩子在「謙讓」性退縮之後會感到惱怒，甚至屈辱，對於自尊是極大的傷害。如果不能精確地表達自己的情緒和需要，得不到安慰，學習不到自我保護的方式，長大後孩子或者會退化自我意識任人欺辱，或者對人感覺冷漠、麻木。受欺負的情況可能比其他因素更可能影響孩子的心理健康和全面發展。

如果孩子身體瘦弱，個性偏內向，不會保護自己的權利，在爭執中總受欺負，說明孩子缺少應付受欺負的經驗和技能，父母就該在家裡傳授他一些自我保護的方法，比如玩搶玩具的遊戲，媽媽手持玩具讓孩子搶，或孩子手持玩具媽媽來搶，最好讓爸爸一起參與，爸爸傳遞給孩子的力量是媽媽無法取代的。

也可以教給孩子在被搶東西時要大喝一聲，不僅能震懾

對方，還能及時吸引老師的注意力，因為有經驗的老師會馬上判斷這是什麼樣的情形，會秉公處理。

另外，面對軟弱的孩子，父母千萬不能流露出沮喪和惱怒，這樣會令孩子更加難過。要知道孩子是承受不了太多的失望的，他需要更多的是安慰、鼓勵和訓練。那麼，我們應該怎麼面對個性軟弱的孩子呢？這裡給您支幾招：

從孩子的日常生活教育開始

也就是說對孩子進行生活習慣和獨立生活能力的培養和教育。教育包括良好的生活衛生習慣和道德行為習慣。其中，生活習慣是指洗臉、洗手、洗腳、洗澡、吃飯、穿衣、睡覺，以及不隨地吐痰、不亂塗亂畫、保持房屋整潔等，道德行為是指要尊敬老人、孝敬父母、愛護同學、尊重師長、愛護公物、不說髒話等方面。

要使孩子形成獨立的人格，除了他們自身的努力外，父母的幫助也至關重要。但有一點要明白，幫助要有範圍，既不可放任不管，也不能過於溺愛。

讓孩子多接觸同伴

心理學家指出：孩子的個性在遊戲和日常生活中表現得最為明顯，這也是糾正孩子不良個性的最佳途徑。模仿是孩子的天性，父母要多讓自己的孩子經常和勇敢膽大的孩子在

一起，這樣孩子才會跟著做出平時不敢做的事情，並將夥伴們的言行舉止作為自己模仿的對象，耳濡目染，慢慢地孩子就會從中得到鍛鍊，變得勇敢和堅強。

古有孟母三遷的佳話。孟母三遷，說的是孟子的母親為了教育孟子和為了孟子的成長而三次選擇居住環境的故事。起先住在墓地旁，後遷至集市，再遷於學校附近，終於養成了孟子讀書知禮的習慣。這則故事又叫「孟母擇鄰」、「慈母擇鄰」。

孔子認為：「里仁為美。擇不處仁，焉得知？」意思是說跟有仁德的人住在一起，才是好的。如果你選擇的住處不是跟有仁德的人在一起，怎麼能說你是明智的呢？

給孩子一定的獨立空間

孩子就像樹木，會越長越大，所需要的空間就會越大。書本和講堂只是孩子獲取知識的渠道而不是孩子生命成長的空間。給他一個空間，讓他自由地呼吸，那他就會茁壯成長。在大自然的課堂上，孩子以天地為師，以萬物為友，以遊戲的形式來獲取生命之歌的營養。大自然是孩子最好的老師。

也許孩子成長需要的空間不僅局限於一間房、一張床或是一個書桌，而是一個更為廣闊的生活和學習空間，增加課外活動或體育活動，從房子裡走出來，來到草地，來到田野，走向大自然的懷抱，走進社會的人群，以不同的方式和角度思考問題，了解社會，這才是他們更加需要的東西。

給孩子以自信

自信是一份沉甸甸的厚禮，無論贈予誰，都會成為成長的發動機。一個擁有知識的人，不一定能夠走遠，但一個擁有自信的人，必能走遍天涯和海角。自信的教育就是教孩子學會自己給自己打氣。自信心是建立在自我肯定的基礎上的，否定的教育絕不可能培養出有自信心的孩子。

做父母的誰不望子成龍？激勵孩子成材的方法很多，但給孩子一份自信確實很重要，教給孩子別用仰視的眼光看自己的同時，指導孩子用平視的目光看待自己非常重要，千萬別讓孩子在你俯視的目光下失去自信啊！

讓孩子學會自我獨立

現代的孩子都是家裡的寶，父母的一手包辦是形成孩子個性軟弱的重要原因。一些家長對孩子百依百順，不讓孩子做任何事情。這等於剝奪了孩子自我表現的機會，導致孩子獨立生活能力的萎縮。要培養孩子的獨立性，父母首先要鼓勵孩子做力所能及的事情，學會獨立生活。例如：讓孩子自己睡，讓他自己去學校，洗自己的衣物等。這些看起來是小事，但對培養孩子的獨立、勇敢的品質可大有益處。

第六章　孩子交流中常遇到的障礙

給孩子面對困難的勇氣

　　勇氣來源於自信，來源於面對生活的態度，來源於敢說真話的教育，來源於面對的困難，面對的錯誤和失敗。勇氣不是天生的，勇氣需要在一次次的挫折中建立。人生的路上時時刻刻都面臨著這樣那樣的挫折。

　　有頭驢不小心掉進一口枯井裡，主人想盡辦法也沒把驢救上來。最後，主人決定放棄，把這口井填起來，以免除牠的痛苦。當這頭驢了解到自己的處境時，剛開始哭得很悽慘。但過了一下，這頭驢子就安靜下來了。牠將泥土抖落在一旁，然後站到鏟進的泥土堆上面！

　　就這樣，驢子將鏟到牠身上的泥土全都抖落在井底，然後再站上去。牠很快就從井裡上來了。

　　如同驢子，在生命的旅程中，有時候我們難免會陷入「枯井」裡，各式各樣的「泥沙」傾倒在我們身上，而想要從「枯井」脫困的祕訣就是：將「泥沙」抖落掉，然後站到上面去！

不要當眾揭孩子的短

　　對於個性軟弱的孩子來說，他們的感情世界比較脆弱，身為父母要注意保護孩子的自尊心。如果當眾揭孩子的短處，那樣會對孩子的自尊心造成很大的傷害，會讓他們感覺很沒面子，在無形之中會強化孩子的弱點，他會認為我本來

就是如此。如果確實需要指出孩子的弱點，應該在肯定孩子成績的前提下，用盡量委婉的語氣，用希望或者是提建議的口吻來指出孩子身上的不足之處。在這樣的氛圍下，大多數的孩子都會樂意接受並努力去改正自己的錯誤。

讓孩子學會自省

常言道：「人前莫弄人非，靜坐常思己過」。連名垂千古的孔子也曾說過：「吾日三省乎己。」可見自省在人生的路上是多麼的重要。一個不自省、不會自省的人是永遠也不可能長大的。教會孩子每天反思自己的長處和不足，所謂前車之鑒，後事之師，每天的反省都會讓孩子避免以後重複前面的錯誤。學會自省，就等於掌握了自我完善和健康成長的祕訣。

害羞的「含羞草」

在一個廣袤的大森林裡，住著一隻可愛的小山雀。因為她太害羞了，大家都叫她「含羞草」。

一天中午，喜鵲到山雀家做客，喜鵲還帶來了四個孩子。山雀媽媽把小山雀叫出來，說：「快叫喜鵲阿姨。」小山雀臉紅紅的，扭扭捏捏地不好意思叫。『喜鵲阿姨撫摸著小山雀的頭，說：「多可愛的孩子啊。孩子們，快叫姐姐。」四只小喜鵲都飛跑過來，「姐姐好，姐姐好。」可是，小山雀還是一句話也不說。

喜鵲阿姨是老師，她在黑板上寫了一道題：二加三等於？

小山雀知道等於五，可她太害羞了，心裡說「二加三等於五」，可是沒有勇氣說出來。四個小喜鵲都不會。「看來你們都不會了。」喜鵲阿姨有點遺憾。「我會，我會。」小山雀心裡著急地說，可她的想法喜鵲阿姨並不知道啊。直到喜鵲阿姨走了，小山雀才後悔了。

有一次，小山雀出去採花，走著走著就找不到回家的路了。她走啊走，見到許多動物，可她不敢上去問路，她太害羞了。眼看天快黑了，小山雀哭了。這時，遠處傳來了腳步聲，小山雀對自己說：「這次一定要問路了。」走來的是象伯伯，可是小山雀又不敢說話了。象伯伯不知道小山雀迷了路，笑笑就走了。小山雀後悔極了。

天漸漸黑了，一隻白鶴走過來。小山雀終於鼓足勇氣說：「白鶴阿姨，我迷路了。」說完，就哭起來。白鶴撫著她的頭，說：「別哭，孩子，我帶你回家。」一下，白鶴就把她領回家了。到家後，小山雀看到象伯伯正在自己家裡做客。如果早說一句話，她早跟象伯伯一起回家了。小山雀看看媽媽，放聲大哭起來。她對媽媽說：「媽媽，今後我再也不做害羞的孩子了。」

從上面的故事中，我們看到害羞的小山雀在生活中遇到種種困境。由此及人，我們的孩子是不是也有害羞的習慣呢？

害羞或者內向，是正常的生理現象。但孩子過分害羞，

也會引起一連串的問題，妨礙孩子正常社會交流的發展。時間長了，害羞的孩子還會表現出內向、沉默、膽小、缺乏自信、沒有主見等，在這個越來越開放、越來越需要交流和表達的世界裡，這樣的孩子很容易被忽視和被邊緣化。他們在生人面前局促不安、不敢說話，在帶有競爭性的活動中，他們總是畏縮不前，膽怯害羞。

到底是什麼原因令孩子變成了「含羞草」的呢？

首先是遺傳因素。遺傳是導致害羞的間接而非決定性的因素。從嬰兒時期開始，就可明顯看到有些孩子的確比較敏感，這可能是由母親懷胎時的身體與心理壓力所造成。父母本身個性屬於內向、害羞，又缺少與其他鄰居、朋友交流的機會，相對的，也會造成孩子害羞、怕生的個性。

其次，和不愉快的經歷有關。有些孩子因搬遷、父母離婚、家人去世、轉換學校、朋友的傷害等種種不愉快的經歷，使他們失去較多的社會鼓勵，以致變成畏縮、逃避的習性，沒有勇氣與陌生人交流。

再者，缺乏社會經驗。有些孩子因家庭背景或父母忽略，在孤立、隔離或拘束的環境之內成長，很怕與別的孩子接觸，無形之中也減少了孩子與同伴互動的機會，從而有嚴重害羞、怕生的傾向。也有些家長溺愛孩子，事事為他代勞，使孩子在成長過程中，很難有和大家接觸的機會，自然也會產生害羞心理。

該如何打開孩子害羞的「情結」呢？

- 膽小、害羞的孩子適應環境的能力往往較弱，有時甚至看到陌生人也會害怕得大哭。因此，為了不讓孩子受到驚嚇，父母應避免讓陌生人突然接近孩子。可以先找一些個性溫順的孩子帶他玩，他們建立了友情，彼此之間的話就多了，然後再逐步擴大交流範圍，以有興趣的活動吸引他參加到團體中。

- 孩子一直待在家中，很少和其他人有交流的機會，這樣對孩子來說弊多利少。為了鍛鍊孩子，平時可帶孩子到朋友家拜訪，或是參加一些活動，以增加孩子與他人交流的機會。例如，當你帶孩子到工作場所時，要預先告訴孩子，「公司裡有許多叔叔和阿姨，他們可能會問你話，你要大方地告訴他們你幾歲了，姓什麼，叫什麼名字，有沒有上幼兒園等等。叔叔阿姨會很喜歡你與他們講話的。」孩子有了心理準備，當陌生人問話時，就不會太緊張，而且會大膽地回答問題。

- 當發現孩子有害羞情結時，父母應及時給予引導，切不可勉強孩子。如果父母未能及時給予引導，孩子可能會因為這次經驗，誤以為逃避便能解決問題而越陷越深。父母要耍點小「花招」讓孩子開口說話。例如，陪孩子去商場買玩具時，讓他自己對營業員說：「我想買這個

玩具，請問多少錢？」如果孩子不願開口，就不買玩具。一開始，他不好意思說的話，你就先說一遍，讓孩子學著再說一遍，不管孩子說得好不好，聲音夠不夠大，你都應該鼓勵他。說得多了，孩子就習慣了。在鼓勵孩子開口說話的同時，你也可以教他正確使用禮貌用語，這樣，人們會更喜歡你的孩子。對孩子來說，也增加了開口說話的自信心。

· 如果家裡要來客人，父母不妨在客人上門前先為孩子做好心理準備。比如告訴孩子要來多少客人，他們是做什麼的，孩子應該有哪些禮節。父母還可以與孩子預先進行模擬演練，降低孩子恐懼的心理。

· 平時，父母可以拿一些孩子喜歡的玩具陪孩子玩一些角色扮演的遊戲。透過遊戲，可以增加孩子與人交流的經驗。另外，父母可以從遊戲中了解孩子心中的想法，並在遊戲中解決一些問題，這樣能更快地幫助孩子恢復自信。鼓勵他多接觸戶外運動，多在戶外和朋友們一起玩遊戲。對害羞的孩子來說，嘗試玩沙子、抓蟲子、拍皮球等「髒髒」的遊戲，在臺階上跳上跳下、相互追逐、搶皮球等「危險」的遊戲都是有益的。孩子在戶外活動中難免磕磕碰碰，家長不要大驚小怪，這些「勇敢者」的遊戲可是幫孩子練膽量的好辦法。

第六章　孩子交流中常遇到的障礙

- 孩子因害羞而不願和人說話時，父母千萬不要勉強他，更不要說一些傷害他的話。不要在別人面前給孩子戴上「這孩子就是害羞」之類的「帽子」，這種定性的話只會造成負面的強化作用。時間長了，孩子會以為他就是害羞的孩子。

- 害羞的孩子大多自卑，而父母的態度對孩子樹立自信心有極大的幫助。在孩子表現好的時候要稱讚他，鼓勵他，說：「你真棒！你很了不起！你做得對！就應該這麼辦！你好聰明啊！」不要吝嗇自己的讚美，這樣會使他感到自豪，從而樹立自信。

- 父母可以透過講故事給孩子聽，讓他踏出害羞情結。如害羞的鴨子和沒有自信心的天鵝是如何勇敢地踏出第一步，結果變成美麗又受歡迎的存在。多給孩子解釋和認識事物，以免他因無知而害怕。如孩子怕黑夜，就可給他解釋天色為什麼會變得黑暗。

- 害羞的孩子通常都很內向，因此要鼓勵他們多向別人展示自己的優點，讓其明白一旦克服了羞怯心理，就能向別人提供一個進一步了解你、關心你的機會。而且，內向的人對世界有獨特而細膩的感受，這也是其他人所不及的！

如果你想幫助一個羞怯的孩子，最好越早越好。因為害羞的殼關閉越久，就越難將它打開。讓你的孩子早日脫掉「害羞」的帽子吧，這樣，你的孩子才會有好的人緣，在以後的成長中可以自由地翱翔！

妄自菲薄的自卑

有一個女中學生去找心理老師，她怯生生地說：「我有點自卑，不敢和別人交流，應該怎麼辦？」

在她的描述中，她是一個缺乏自信、不善於表達自己的女孩。和大家在一起的時候，總是覺得融不進別人的圈子裡，總想著自己低人一等，害怕別人的嘲笑，每次都默默地躲在一個角落，生怕別人注意到她。每當看到同齡的孩子們在一起玩耍，她羨慕得不得了，可是一想到要和那些比自己強的人在一起，她就感到缺乏自信。她其實也覺得這樣不好，但是又想不出辦法來加以改變。

這是一個典型的自卑案例，自卑的主要表現是對個人能力和特質做出偏低的評價。自卑的孩子常常表現得過於膽怯，對自己估計太低，對同伴估計太高，感覺處處不如人，無所作為，悲觀失望，甚至是稍加努力就可以完成的任務，也往往因為自嘆無能而輕言放棄。

究其原因不外乎兩種：一是由於成人的教育方法不當，

對孩子缺乏耐心的教育，對他們期望太高，一旦達不到要求就百般喝斥，久而久之使孩子產生自卑感，也可以稱之為外因自卑；二是自身和別人相比有某些方面的劣勢，以致造成一些陰暗的自我暗示，稱為內因自卑。

如果孩子從小就受到自卑情緒的影響，長大後，當他們融入這個社會中的時候，就會表現得自信心不足，不敢去表現自己，也就不被別人了解和認可，從而影響他們以後的發展。

在上面提到的那個女孩，她的父母就對她要求非常嚴格。生活上，只要有一點點的不對，比如說起床晚了，忘記摺被子了，都要責備她；在課業上，只要有一次成績考得不理想，就要對她說教很長時間，父親甚至會打她！父母的關心本來無可厚非，但由於太「望女成鳳」了，以至於這種嚴格達到了苛刻的地步。這個女孩的成績本來很好，每次在班上都是名列前茅，但父母希望她每次都能得第一。一次女孩由於疏忽，一道大題漏寫了，結果排名有點靠後。媽媽就整天嘮叨：「這樣下去怎麼行，整天不知道想什麼，養條狗都知道看家，妳連條狗都不如。」父親甚至把她打了一頓。

孩子受到責打，本來脆弱的心變得更加脆弱了。以後不管做什麼事都小心翼翼，如履薄冰，生怕自己出錯。每當看到別人的能力比自己強，就會形成我不如他，就算是我努力也趕不上他的思維。久而久之，自卑在她心裡就成了揮之不

去的陰影。父母期望值過高這個外部原因的介入，導致了她自卑感的形成。

俄國大文豪列夫·托爾斯泰（Lev Nikolayevich Tolstoy）小時候的故事則是一個明顯的自我內部原因導致自卑的典型。列夫·托爾斯泰從小就對自己的外貌很敏感。他的眼睛很小而且還是凹進去的，前額窄，嘴唇厚，鼻子就像個大蒜似的，耳朵大得令人吃驚。還在學校的時候，老師對他的評價就不高，說他哪方面都不行，還長得不好看。這讓小小的托爾斯泰心裡產生了很大的自卑感。這種陰暗曾伴隨托爾斯泰走過了很長的人生之路。

但是天生的缺陷卻沒有讓托爾斯泰低下高昂的頭，在徬徨之後，他挺起了不屈的脊樑，用手中的神來之筆寫下了《戰爭與和平》（Voyná i mir）、《安娜·卡列尼娜》（Anna Karenina）、《復活》（Resurrection）等一系列膾炙人口的傳世經典。

一時的自卑並不可怕，可怕的是在人生的路上一直都罩著自卑的影子。如何去幫助孩子擺脫自卑的陰影，樹立自尊和信心，這裡來給你支幾招：

強化孩子的自我肯定意識

對於自卑心理很嚴重的孩子來說，自我肯定往往是脆弱的，因而急需得到外界經常而又不斷的強化。強化孩子的自

我肯定可嘗試以下方法：讓孩子為自己記一本成績簿，讓孩子每天花五分鐘左右的時間來寫出自己每天的進步，並告訴孩子，每天進步一點點，累積多了就是了不起的成就。然後，為孩子準備一些小獎品，作為孩子取得了成績的獎勵。當孩子遇到困難時，鼓勵他自己為自己鼓勁：「來吧，朋友，你可是一個不怕失敗的孩子，再努力一次吧！」

當然，自我肯定也應有原則，不是在任何時候、任何場合下都鼓勵孩子。要分場合、時間，還要有原則和分寸，孩子的自我肯定一旦過了頭，可能會變成一種自負甚至成為唯我獨尊的小霸王。

幫助孩子了解自己的優勢

每個人都有自己的長處和優勢，所謂「尺有所短，寸有所長」。一個人如果用其所短，捨棄所長，就連天才也會喪失信心。相反，若能揚長避短，強化自己的長處，身障者也能充滿信心，享受成功的快樂。亞里斯多德、達爾文、伊索、拿破崙都有口吃，亞歷山大、莫札特、貝多芬、拜倫因身體佝僂、口吃、身體矮小、耳聾等而產生過自卑感，但他們並未因此灰心，更沒有為此而喪失活下去的勇氣。他們堅定了成就大業的信心，因此都獲得巨大的成功。因猩紅熱奪去視力和聽力，不久又喪失語言表達能力的美國女作家海倫・凱勒用她的〈假如給我三天光明〉鼓勵了千千萬萬的人。

　　想要消除孩子的自卑心理，要善於發現孩子的長處和優勢，並為他提供發揮長處的機會和條件，這是幫助孩子克服自卑心理的關鍵！

改變導致孩子自卑的外部形象

　　心理自卑的孩子，通常說話的聲音都很小，吞吞吐吐，走路不能挺胸抬頭。如果能改變他說話的音量、走路的姿勢，如講話聲音洪亮清晰、穿著大方整潔、走路昂首闊步等，就可以改變他的心態，使他變得充滿自信。

適當降低對孩子的要求

　　對待有自卑心理的孩子，父母要適當地降低對孩子的要求。其實，讓自卑的孩子學會自我肯定的首要目標是：讓孩子從自己的行為中得到滿足和動力。應該讓孩子懂得：做該做的事，並且把它做好，這本身就是成功，也是對自己最好的肯定。如果孩子畫了匹馬，那麼你最好不要過多地去挑剔他這裡不好，那裡不好，而是對孩子的每一個成功之處都予以肯定並發出由衷的讚賞：「看，尾巴畫得真好啊，就像在風中飛舞一樣！」讓孩子看到，你的讚賞完全是真誠的，而不是勉強和應付的，更不是虛偽和做作的。

幫孩子樹立信心

　　在失敗的土壤裡是不會滋生信心的種子的，有自卑感的

孩子遇到挫折和失敗的時刻比一般孩子要多得多，及時剷除失敗的土壤是保持信心的重要方法，而成功的喜悅卻能驅避自卑，樹立自信。科學研究顯示，每一次成功後，人的大腦便有一種刻畫的痕跡。當人們想起往日的成功模式時，可以重新獲得成功的喜悅。身為父母，如果能夠幫助和指導孩子建立成功檔案，將每一次孩子小小的成功和進步都記錄下來，積少成多，每隔一段時間就拿出來和孩子重溫成功的喜悅，那樣就可以消除孩子的自卑心理，讓他生活在成功的體驗當中，並能使他信心百倍地去克服困難。

經常講勵志小故事給孩子

當孩子有自卑心理時，可以講一些名人的小故事來啟發孩子，讓他能從正反兩方面來看問題，而不要只看到自己的短處，認為自己處處不如別人，讓孩子換個角度來看待自己。

林肯是美國歷史上最著名的總統之一，他的相貌很是醜陋，常常被自己的政敵所譏諷。有一天，他的一位政敵看到他，開口罵道：「你長得太醜了，簡直讓人不堪入目。」林肯微笑地對他說：「先生，你應該感到榮幸，因為你將因為罵一位偉大的人物而被人們所認識。」

從某種意義上來說，先天性的缺陷和不足，常常是個人能力所無法改變的。這時，我們要幫助孩子學會面對現實，而不是像鴕鳥似的把腦袋埋在沙裡。

有這樣一個故事：

一個老太太有一片花園，一天她去花園的時候發現花園裡的花草樹木全都枯萎了。她很驚訝，就問果樹：「你的葉子為什麼都脫落了？」果樹說：「因為我沒有楊樹那樣高大挺拔，我感到生活沒有了樂趣，所以不想活了。」她又問楊樹，楊樹說：「因為我沒有菊花那樣漂亮的花朵，讓我很是沮喪，我感覺不到活著的意義了。」再問菊花，菊花也很傷心，原來它雖然能開出漂亮的花朵，卻因為自己不能結出果樹那樣沉甸甸的果實而感到深深的自卑。

其實，它們根本沒有必要去自卑，它們只看到別人的長處和自己的短處，卻沒發現自己的長處。只要仔細地審視自己，看到並發揮自己的長處，是完全可以證明自己的價值的！

孩子扔掉了自卑的包袱，能自信地站立起來，好的人緣離孩子難道還遠嗎？

老是以自我為中心

經常遇到有些父母抱怨：家裡的孩子太任性了，什麼事情都順著他，只要有什麼不合他心意，就開始鬧脾氣。在家裡這樣，在學校也是這樣。這樣的孩子該怎麼管啊？

其實，孩子的自我中心意識過強，常常和父母的教育方式有關。

有一個笑話小時候常常聽父母講起：

有一個傻子，在路上走的時候被一根枯木絆倒了，他爬起來恨恨地說：「原來是你這個小雜種把我絆倒的啊，看我不收拾你。」他把那根枯木用力地在地上踩爛，然後踢個大老遠。

我們笑話他的同時是不是也常看到這樣的情景：孩子不小心碰到椅子上摔倒了，年輕的媽媽急匆匆地跑過去，一邊哄孩子，一邊用手拍打椅子：「寶寶乖，是椅子壞，害寶寶摔跤，媽媽幫你打他。」還真的打給孩子看呢？

二者何其像也！試想一下，在這樣的環境中長大的孩子，他以後犯了錯，出了問題，他首先想到的會是什麼？不是反省自己，而是先怪別人，根本不會對自己的行為負責。那這樣的父母，是不是比前面的傻子更傻呢？

孩子的自我中心意識過強，當他們步入社會的時候，就會不顧別人的感受而把自己的喜怒哀樂凌駕於別人之上，很難與別人和睦相處，導致矛盾的發生和升級。因此，身為父母，在孩子小的時候就應對其採取正確的教育方式，防止孩子形成自我為中心的個性。

如果孩子已經形成了以自我為中心的個性，身為家長該怎麼辦呢？

首先，要讓孩子學會自我反省。比如，朋友帶著孩子到你家做客，你的孩子正在玩一個玩具，你讓孩子給來玩的孩

子一塊玩，他並不樂意。你可以告訴他，如果他去別人家玩，別的小朋友也不和他一塊玩的話，他會高興嗎？透過比較，小孩一定知道該怎麼選擇。透過父母的引導，讓孩子認識別人、理解別人，促進孩子從自我走向他人。讓孩子知道自己的缺點和不足，並告訴他這些缺點會給別人帶來不好的影響。當然了，這是一個循序漸進的過程。

其次，不要對孩子過於溺愛。現在的孩子可以說是「集三千寵愛於一身」，長輩的溺愛，造成了孩子自我中心意識的不斷膨脹。只有嚴格要求孩子，對孩子平時的行為做出一些具體的要求，才有利於孩子的健康成長。例如，告訴孩子要孝敬長輩，尊重師長，禮讓朋友，幫助他人，做一些力所能及的家務等。這樣，孩子就會明白為他人著想是美德，自我中心的思想是不好的習慣。

還有，要讓孩子多多參與團體活動。透過團體活動，使孩子在集體中加強集體意識，學會理解別人、尊重別人，淡化以自我為中心的意識。

最後，要鼓勵孩子對他人關心的行動。當孩子學會了關心別人、愛護別人、幫助別人時，父母不要吝嗇自己的鼓勵和稱讚。對孩子來說，鼓勵和稱讚是對他這麼做的最好的肯定。哪怕是一點點的進步，做父母的也可以去稱讚孩子，讓他更有信心去改正自己的不足。那樣的話，你的孩子一定會有好的人緣。

霸道專橫的小皇帝

「我家孩子就像一頭犟牛，年紀小小脾氣卻很大，和你拗起來，十匹馬都拉不回來。」「我家孩子簡直就是個小霸王，一不順心就大哭大鬧，最後沒辦法我們只能順應他的要求。」這種霸道的孩子不少，總是讓做父母的傷透了腦筋！是不是自己的教育方法不對？該如何讓小霸王變乖呢？

毫無疑問，孩子執拗霸道的個性會讓孩子在幼兒園、學校的集體生活中受到孤立與打擊，以致影響孩子健康成長。因此對這類孩子，家長要及時給予適當的指導與糾正，以免年齡越大越難改正。

一般來說，孩子所表現出的霸道行為，有以下幾種：

- 拘泥於事情的形式而不會改變。
- 遇事不如己意，便採用大哭大鬧的方式來表達。
- 獨霸玩具或物品，不願和其他孩子分享，也不會和小朋友輪流玩。
- 只要是想得到的東西，會用最直接的方式 —— 先搶再說。

孩子並非天生霸道專橫，造成孩子行為霸道的原因有以下幾種。

首先，緣於父母過度的溺愛。孩子要什麼有什麼，凡事有求必應。現在父母大多只有一個孩子，每個孩子都是父母

的天之驕子，不但受到長輩們疼愛，更受父母們用心的照顧。從出生到蹣跚學步，孩子的一舉一動，所用的一衣一物，父母們總是想盡辦法來滿足他的需求，如此也就逐漸養成了孩子的霸道行為。而當孩子有霸道行為出現時，父母又認為他不過是個孩子，而未能及時糾正。因此，慢慢地，孩子就會覺得做什麼都是理所當然，也因此變得越來越霸道。

　　李先生有個六歲大的寶貝兒子亮亮，由於自己和太太的工作都太忙，兒子從出生後五個月就一直是爺爺奶奶照顧。李先生漸漸發現，每天早上，奶奶叫孫子起床，幫他穿衣服都會花半個多小時；孩子吃起零食來一袋接一袋，吃飯超不過兩口就跑出去玩；鞋帶鬆了，把腳一伸，奶奶小跑過來給他繫上；在家裡搗蛋時，如果被責備幾句，亮亮還沒怎麼樣，奶奶就已經開始在一邊抹淚了，他們再也不敢說亮亮了。

　　週末的一天，李先生夫婦帶著兒子去公園玩。本想全家有個快樂的一天，沒想到孩子在公園門口看中了一個綠色風車，恰巧有個四歲的小女孩也想買，但綠色的只剩下一個。孩子吵著非要買下，李先生示意兒子把風車讓給對方：「妹妹比你小，還是女生，男生應該謙讓女生。」沒想到話剛說完，兒子就不樂意了，二話沒說，劈頭就從女孩手中奪過風車，還打了對方一巴掌。李先生夫婦忙給對方家長賠不是，結果公園也沒進，就連忙帶著孩子回家了。

其次，年齡的關係也是一個原因。一般來說，孩子在一歲前，霸道行為出現的不多，最主要的原因是這時候的孩子才剛開始牙牙學語，還不能表達自己太多的想法，也不能自由地去自己想去的地方。可隨著孩子年齡的逐漸增長，開始有了自己的想法，同時也想擺脫大人的束縛，自己決定怎麼做，因此會開始出現「不要」的字眼和「不要」的動作。而且現在的孩子普遍都比較早熟，很早就會出現很強烈的自我意識，有時拗起來，十頭牛都拉不動。

　　最後，模仿外界是造成孩子霸道專橫的又一原因。就社會學習觀點來說，孩子深受父母以及大眾傳播媒體影響，例如：電視、漫畫、遊戲等。而且如果父母本身很霸道，孩子發現父母這種行為，往往耳濡目染之下也跟著模仿、學習。

　　如果你的孩子有霸道的跡象，你應該從以下幾個方面對孩子進行教育與引導：

- **適時地輔導和糾正**：當孩子有霸道行為出現時，父母應先處於他的立場設想，試著了解他的心情。對孩子的霸道行為，勿過於迎合或者是敷衍，應當適時地給予輔導和糾正。當孩子有比較好的表現時，要適時地給予鼓勵和肯定，孩子一旦受到肯定，心中便會意識到何事可為；而當孩子有霸道行為時，則須給予輔導和糾正，孩子就明白何事不可為。

- **培養和孩子講理的習慣**：父母要學著每一件事情都要和孩子講道理，讓孩子慢慢了解和接受。如果孩子年紀小還不了解或聽不入耳，父母也不必太過著急或過分期待孩子馬上接受，因為孩子每天都在成長，慢慢地，他就會變得較為講理。做父母的千萬要記住：切勿「以霸治霸」，以免讓孩子以為武力可以解決一切問題。

- **內心慈愛，處理事情態度堅定**：父母事先可和孩子共同商定原則，讓孩子了解和贊同，原則確定後，父母就要堅持且確實執行，不可輕易妥協。尤其在碰到危險的緊急情況、會傷害到孩子的身體時（例如觸摸電源、熱水等危險物品），則要用強制方法，立刻禁止這種行為，然後和孩子解釋「不行」的原因；若孩子無法理解，不排除以「打手」的方式來禁止。

- **尋求長輩們的經驗承傳**：每一個孩子都與眾不同，因此父母所用的輔導方法也要因人而異，若能讓長輩們教授其經驗，必將使年輕的父母在教導孩子時更為得心應手。

- **幫助孩子建立人際關係**：霸道的孩子常常只會關心自己，不會考慮到別人的感受，在孤單的環境裡，霸道的行為會顯得更為強烈。因此可多帶孩子去參加社交活動，例如慶生會，在和別的孩子共同分享中，學習到施與受的關係，進而覺得沒有霸道的行為才能建立良好的人際關係。

孩子在成長過程中，經常會有不按牌理出牌的時候，唯有父母及早關心、發現問題、尋求解決方法；孩子才會變成有人緣的好孩子。

有暴力傾向

有個小男孩，每次和夥伴們玩遊戲的時候總會打架。不是他把別人打傷，被家長找上門，就是自己被別人打了，灰頭土臉地回來。

據他父母說，朋友們在一起玩耍，本身就難免磕磕碰碰的，但是自己的孩子太容易衝動了，被別人不小心碰一下，都會怒髮衝冠，輕則吵架，重則動手打人。

還有一位孩子也讓他的媽媽頭痛不已。在家裡孩子還很聽話，但一到了學校就變成學校裡的「小霸王」了，時不時地因為一些口角而大打出手。當母親的三天兩頭被老師叫到學校去訓話，讓這位母親很是沒有面子。問他為什麼和別人打架，他總是說別人欺負他，他才還手的。

那麼，是什麼原因讓這些孩子充滿了暴力傾向呢？其實，孩子的暴躁個性和遺傳因素有點關係，如甲腎上腺素含量較高的人，脾氣往往就比較暴躁。不過，主要的原因還是個人修養不夠，缺乏自我克制能力。當然，父母是造成這種結果的主要因素。

以前面家庭中的父母為例，他們在生活中都是脾氣暴躁的人，經常因為生活中的瑣事就吵架。幾乎是三天一小吵，五天一大吵。有時候還升級為家庭暴力，孩子在這種氛圍下長大，一旦遇到了自己不如意的事情，也習慣了摔摔打打，養成了不好的習慣。

而後面的那位母親情況有點特殊。她離婚數年，兒子和她在一起生活，沒想到自己不幸的婚姻成了孩子班上的笑談，每當這時候，孩子都會大打出手，鬧得很不愉快，而老師又不知道內情，所以這位母親就只好天天往學校跑了。

有暴力傾向的孩子很難與人和平相處，不愛講道理，喜歡用爭鬥的方式來解決問題，這對他們現在或以後的人生都會帶來不良的影響。

那麼，如果孩子有暴力傾向，我們應該怎麼辦呢？

首先，家長要以身作則，檢討自己的行為方式。

許多家長，一方面溺愛著自己的孩子，另一方面對孩子不好的行為則實行「棍棒政策」，他們篤信：棍棒之下出孝子。父母們喜歡用暴力的方式來解決問題，結果，就造成了孩子也喜歡用同樣的方式來處理問題。

所以，如果孩子有了暴力的苗頭，身為父母首先要檢討自己的行為。孩子具有很強的模仿能力，如果家庭充滿了暴力，那麼孩子也很容易變得易衝動和有暴力傾向。家庭教育

是孩子的啟蒙教育，家長是孩子的第一位老師，父母要時刻注意自己的一言一行，因為它在潛移默化中會對孩子造成或好或壞的影響。身為家長要關心的不僅僅是孩子的吃穿住行，還要注意對孩子言行的教育和品德的培養，千萬別成為孩子學習的壞榜樣。

其次，家長要給孩子更多的關愛。

如果家庭中總是充滿了爭吵和暴力，而缺乏應有的溫馨，那對孩子的影響是致命的，孩子很容易形成充滿暴力的個性。

不過，即便孩子有暴力的傾向，也不要以暴制暴，而是應該用愛心來感化他。如果父母和老師一看到孩子有不良的行為就橫眉冷對，嚴加訓斥，不僅不會讓孩子收斂自己的所作所為，反而會導致他們與父母、老師的對立，強化他們的叛逆心理。對待這樣的孩子，我們應該做的是給予他們更多的關心和愛護，多親近一點孩子，多給孩子一份寬容和理解，多給孩子一點微笑和陽光，多一點時間與他們交流和溝通，讓孩子感到「他不討厭我」，甚至「他有點喜歡我」。感受到了愛，得到了愛，孩子就會慢慢地改變自己，向好的方向發展。

再者，家長要教給孩子正確的交流方式。

現代社會日新月異，人與人之間的交流越來越快捷和頻

繁，身為大家庭中的一員，我們不可能獨善其身不與人交流。與人交流是最基本的需求，隨著年齡的增長，這種需求也越來越激烈和迫切。可是，孩子由於年齡小缺乏社會交流的經驗，這時候就需要父母去教他，否則孩子會不知道該怎麼去做的。比如：孩子不知道拿別人的東西要徵求別人的意見；不知道打擾別人要說對不起；不知道來了客人怎麼招待；不知道……

有些父母，雖然教了孩子怎麼與別人交流，但教的方法與方式卻不是正確的。經常聽到有些父母會這麼說：「誰打了你？你不會打他？」「連隔壁那個孩子都打不過，你還有臉回來啊？」……這樣的教育方式，很容易誤導孩子，讓他們以為只有用暴力才能解決問題。所以，身為父母，一定要言傳身教、以身作則，要把正確的交流方法告訴孩子，而不是讓孩子放任自流或者誤入歧途。

最後，家長要鼓勵孩子多多參加團體活動。

有暴力傾向的孩子由於經常會冒犯別人，所以常被排斥在集體之外，結果會使他們變得更加孤僻、不合群，因此要有意引導孩子多參加團體活動，增強他們的集體意識。幫助他們克服交流的障礙，鼓勵他們在與同伴們的交流中培養良好的行為習慣。讓孩子多交朋友，可以逐漸改變他們的暴力傾向，使他們變成受歡迎的人。

任性妄為

　　當今社會，父母大多過於寵愛孩子。孩子要什麼，父母就給什麼，即便是要天上的星星，做父母的都想給他摘下來，可謂百依百順。但這樣做很容易使孩子養成任性的壞習慣。一旦孩子的要求沒有得到滿足，便會大哭大鬧，亂發脾氣，直至達到目的為止。

　　一位朋友領養了一個剛滿五歲的小孩。小孩漂亮可愛，剛來時，他不吵不鬧，非常聽話，家裡人都很喜歡他。慢慢地把他捧成了「小皇帝」，吃、喝、玩、樂全都由著他的性子，稍不高興，就哭鬧、打滾、耍賴。在幼兒園考試得了零分，回家後卻自豪地高喊：「一二一，大零分。」家裡人不但沒有制止，反被他的幼稚逗樂了。結果他不但沒意識到自己的錯誤，反而以為得個零鴨蛋是件很榮耀的事。經過了一段時間以後，家裡人誰也管不了他了，怎麼辦？家長便用鬼怪故事去嚇唬他，只有這樣才能使他「老實」一點。

　　孩子生下來猶如一張白紙，孩子任性的確很常見，但並非天生，主要是由於教育不當引起的。

　　孩子在三歲之前，通常都比較乖，父母說什麼就是什麼；父母說不准碰這些東西，他就不碰。這樣的孩子往往會得到父母、親友的稱讚：「這孩子真聽話。」但孩子接近三歲時，父母覺得孩子開始變了，變得不那麼「聽話」了。其實，這

時候正是孩子形成獨立性和任性的開始，父母要善於發現孩子的變化，並注意教育引導。

有的孩子被嬌養過甚，吃東西挑東挑西，父母給他喫茶葉蛋，他非要吃攤販賣的章魚燒；父母特地再給他做了章魚燒，他又非要吃茶葉蛋。有的孩子在吃飯時邊吃邊玩，當父母收起玩具時，他就賴在地上打滾。像這種行為，則屬於任性了。對孩子的任性行為，必須糾正。

從前，有個很任性的孩子，很是讓父母頭痛。有一天，父親給了他一大袋釘子，要求他每次任性發脾氣的時候都必須在後院的木柵欄上釘一個釘子。第一天，小男孩在柵欄上一下釘了三十八顆。

過了一段時間，小男孩由於學會了忍耐，不那麼任性了，在柵欄上釘的釘子越來越少。他發現，控制自己任性胡鬧的脾氣遠比釘釘子容易多了……最後，小男孩便不任性不亂發脾氣了。

他把自己的轉變告訴了父親，父親建議他如果能一天不任性胡鬧就可以拔出一顆釘子。經過一段時間，小男孩終於把柵欄上的所有釘子都拔掉了。

這天，父親領著小男孩來到了後院的柵欄邊，對他說：「孩子，你做得不錯。但是你看見了嗎？那些釘子在柵欄上釘出了多少的小孔，雖然你的釘子拔出來了，但那些孔卻再

也不能復原了。你的那些任性胡鬧就像這些孔，會在別人的心裡留下永恆的傷疤。無論你說多少對不起，那些傷都會永遠存在。孩子，你要記住這一點。」

做家長當如上面那位父親，把胡鬧任性的危害性告訴孩子，讓孩子一步步來改正自己的錯誤。

人的個性形成與教育、生活環境、家庭氣氛和社會實踐有著千絲萬縷的關聯。一般孩子的個性在學齡前已初步形成，但不穩定，隨著年齡增長而趨於成熟，並有很大的「可塑」性。所以要培養孩子良好的個性，應該從小培養。

首先，對孩子的要求不能一味地給予滿足，要分清對與錯，合理的要求可以滿足，無理要求，絕不答應。要讓孩子明白，什麼事該做，什麼事不該做，並鼓勵他堅持執行。不能總跟孩子說：「就今天這一次啦」、「下不為例啦」。對孩子超越行為界限的事，絕不能遷就，否則，只會嬌慣孩子，助長孩子的任性毛病，以後難以改正。

其次，父母的言行要一致。有些父母認為孩子好哄、好騙，在答應孩子之前，往往不假思索就許下空頭諾言，結果到最後往往沒有兌現，這會造成孩子心靈的傷害和對家長的不信任。

再者，不要嚇唬孩子。有些父母在孩子不聽話時，總是用一些可怕的鬼怪來嚇唬孩子，以期望能「鎮住」孩子的胡

鬧任性。殊不知這樣做，久而久之，會使孩子變得多疑、膽小而怕事，對孩子的身心健康產生不良的影響。

最後，父母要注意教育方法，要有耐心。當孩子哭鬧時，父母可採取漫不經心的態度，讓孩子感到，他的哭鬧嚇唬不了誰，讓他漸漸安靜下來。有的孩子自尊心太強，父母可適當給他一個「臺階」，幫他「收場」，然後再透過「擁抱 —— 對視 —— 談話」的方式進行教育。

擁抱，可使孩子感受到，雖然他做了錯事，父母還是愛他的，使孩子對父母不產生牴觸情緒；對視，可讓孩子從父母的眼神中，感受到父母對他的愛和對他任性的不喜歡；談話，要簡短明了，使孩子在保持自尊心的前提下，明白自己錯在哪裡，今後該怎麼做。

總之，唯有好的環境與教育才能使孩子健康成長。做到這幾點，相信你一定會有一個活潑、可愛、懂事、聽話、人見人愛、擁有好人緣的好孩子。

第六章　孩子交流中常遇到的障礙

第七章

家長與孩子一起改變

在我們實際生中，少數父母對孩子沿襲老一輩的教子方式，管得太寬，干涉太多。這樣培養出來的孩矛常常怕字當頭，縮手縮腳。要真正教養好孩子，樸素的愛是不夠的。高爾基（Maxim Gorky）曾經說過：「生養孩子母雞也會，但教養孩子不是每個父母都會的。」這就需要學習，需要在生活中去體會，這既是一個學習的過程，也是父母成熟的過程。

孩子是一本書，從童年到少年，從少年到青年，父母都在一頁頁往後翻，但要真正讀懂它卻十分不容易。為人父母者往往會發出這樣的感嘆：孩子越大，就越不了解他（她）。是呀，孩子小的時候：像處處以一個長者的身分指揮著孩子的一言一行，並不曾真正體會孩子的感受。當孩子漸漸長大後，你將會和孩子越走越遠，伐溝也隨之產生……

親子關係如何融洽

父母與孩子的關係如何，對於孩子一生的影響真是太大了。

親子關係是否融洽，對孩子的人格發展、社會交際有重要的影響。我們很難想像，一個從小與自己父母關係惡劣的孩子，長大以後能夠擁有很好的人際關係網。

「好的親子關係勝過許多教育。」有些家長可能懂得親子關係的重要性，但往往會言行不一，說一套，做一套。

　　在跟孩子溝通的過程中，你扮演的角色是什麼？高高在上的長輩，還是孩子忠實的朋友呢？教育孩子就是要「走進孩子的心裡去」。走進孩子心裡是教育的核心與起始點，接納與溝通就是「走進孩子心裡去」的重要方法。

　　怎樣才能走進孩子的心裡去？一是接納孩子，二是與孩子保持良好的溝通。所謂接納孩子，就是不管孩子的表現是好是壞、分數是高是低，你都接納他，這是教育的開始。孩子課業成績不理想，有些家長就打罵孩子，你可知道這樣做是在孩子「傷口上撒鹽」呀！每個孩子都想考試考得好，這樣不但家長高興，孩子也可以得到獎勵，皆大歡喜。接納就是理解與寬容，平等與理解是溝通的基礎。只要你接納了孩子今天的表現，你才能心平氣和、不帶情緒地與孩子說話。

　　接納孩子有兩個必須的理由：一是不管孩子是好是壞，都是你的孩子，別人家的孩子再好還是別人家的孩子；二是你不接納孩子，孩子也就無法接受你，也就改變不了孩子，教育就無法開始，就算你有世界上最好的教育方法，有世上最高的教育水準也無法讓孩子接受分毫。

　　接納是教育的開始。只有當孩子接納你，溝通才可能變得暢通。親子之間的溝通有三大原則：一是尊重，二是平等，三是雙向。所謂「尊重」不是口頭上的甜言蜜語，而是內化在靈魂裡的意識。尊重是對他人的尊敬和重視，家長們要再

第七章　家長與孩子一起改變

三思量，你是否真真正正地尊重過你的孩子。平等和雙向是相互的，不是單方面能完成的。「平等和雙向」，就是相互說話。不是套話，更不是只有孩子單方面跟你說他的所見所聞；家長在工作中或是生活中遇到的大事小事、好事難事都可以跟孩子分享。即便有的話題他現在並不是很懂很清楚，但他會從你的言行中感覺到你對他的重視和信任。他對你有了信賴感，就會把他的心裡話跟你講。還有就是要把握好時機，不能不顧孩子的感受就一味地在孩子面前說個沒完。要在孩子心情放鬆和空下來在一起玩、走路和說話的時候說，這樣效果會比較好。在把握時機的同時，更要注意掌握時間的長短，剛開始時三到五分鐘即可，不要一開始就跟孩子講個沒完沒了，不講三十分鐘就不會「剎車」，孩子會受不了的，他會覺得聽你說話是一種折磨，因此需要循序漸進，不能操之過急。

　　也許以上的講述過於理論化了，下面不妨來看看一位母親自述她是如何和自己孩子培養良好親子關係的：

　　很榮幸，今年九月我成為了一名一年級小學生的母親。孩子上學的那天我比她還要興奮。孩子很快地進入角色，很快就學完拼音，要進行考試！當晚我失眠了，我在假設如果我的孩子考了八十分，我該怎麼對待；如果考了九十分，該怎樣對待；考一百分我又該如何對待呢？當時我的願望是

希望她能拿滿分，但結果可以說讓我有點失望，考了九十一分。但很快我就調整好自己的心態，這是女兒第一次考試，能拿這個分已經很棒了，自問一下，我的第一次考試是多少分呢？我接納了孩子人生的第一份考卷。我一句責怪的話語也沒有說。我鼓勵孩子，孩子你是最棒的，再接再厲。接著我和女兒開始分析這次考試的情況。因為我的接納，孩子感到輕鬆，她跟我說：「媽媽，第一次考試我感到很緊張，聽力部分老師只讀兩次，聽得不是很清楚，所以就被扣了六分，還有兩分是注音寫得不清晰，還有一分是讀音錯誤。」我對孩子說：「妳知道錯在哪裡就可以了，相信等著妳的將是許多個『滿分』。」而且我和他父親還教了她考試的祕訣：放鬆心情，認真審題，答完後檢查。第二次考試的時候她的成績進步很多，數學、國語都考滿分。在這裡我要特別說明一下，我並不是說重視分數，重要的是你對孩子的接納，孩子願意跟你溝通，事情就容易解決多了。任何事情都要先找到切入點，接納就是切入點，溝通就是解決問題。

　　還有一次我在檢查女兒語文作業的時候，發現有道題目是這樣的，畫著一頭牛在山坡上，下面是句子填空，「牛在山坡上（　　）」。按一般的邏輯思維應該填「吃草」，知道我女兒填了什麼嗎？她填了「看風景」。當時我只覺得這個答案很搞笑。第二天去公司問比我年長的同事，我說讓你們做

道一年級的題，看你們怎麼填，說完後，幾個同事的答案都是「吃草」，就我們的科長說：「你女兒肯定填『看風景』。」我問她是怎麼知道的，她跟我說，不一般的小孩才會填「看風景」，那說明妳女兒很聰明，想像力很豐富，妳應該獎勵她。聽了她的一席話，晚上次家，我就對女兒說：「樂樂，媽媽覺得妳那個『牛在山坡上看風景』真是太棒了。我決定在『家庭風雲榜』上給妳加三顆星，妳的答案非常棒！」孩子感到很意外，非常高興！這也是一種接納與溝通，跟孩子的良好溝通讓我們之間的關係一直都很親密、和諧。孩子很願意將她在學校的所見所聞跟我分享。我也絕不會對她隱瞞，生活和工作中的事兒都喜歡跟她聊聊，讓彼此都相互了解，相互溝通。也就是因為這樣，孩子個性開朗，很喜歡交朋友，上課踴躍發言。接納與溝通讓親子關係得到昇華，這不僅是親子關係，更是朋友間的友誼之情。

做孩子的好朋友

張媽媽的女兒上小學五年級了，老師、同學與鄰居們都誇她女兒素養不錯，待人接物很有分寸與禮貌，可謂人見人愛。有人問張媽媽是怎麼教育孩子的，張媽媽只說了一句話：做孩子的好朋友。

做孩子的朋友，說起來容易做起來難！

　　張媽媽試圖與女兒做朋友，是從女兒的一個眼神開始的。那是三年前，上小學二年級的女兒因為做錯了一件小事，遭到了張媽媽的嚴厲訓斥。不經意間，張媽媽發現女兒居然以敵視的眼光看著自己，讓人心生寒意。回到臥室，張媽媽依然感到莫名的寒冷，她知道帶來寒冷的是女兒的目光。張媽媽冷靜下來後，在日記上這樣寫道：孩子真的是長大了，有自己的思想了，我應該嘗試著換一種方式與孩子溝通，做孩子的朋友。

　　那麼如何和孩子進行溝通，做孩子的朋友呢？以下是張媽媽的做法：

　　首先，父母應該尊重孩子，與孩子平等相處。張媽媽的女兒是個自尊心很強的孩子，在一次玩遊戲的時候，女兒輸了，張媽媽因為有工作要做，便果斷地停止了遊戲，這使孩子的自尊心受到很大傷害。她認為媽媽很不公平，如果再玩一次，她一定能贏媽媽，希望媽媽能夠尊重她的意見。媽媽不得不放下手中的工作，和她又玩了一次，結果雖然還是女兒輸，但女兒沒有再鬧意見，而是很開心地說「媽媽是個守信譽的媽媽」。從那以後，張媽媽學會了與孩子平等相處、互相尊重，母子關係一直非常融洽。

　　其次，父母要善於傾聽，善於發現。只有傾聽孩子的心裡話，知道孩子想什麼、關心什麼和需要什麼，才能有針對

第七章　家長與孩子一起改變

性地給予孩子關心和幫助，也會使以後的溝通變得更加容易。如孩子向你訴說高興的事，你應該表示共鳴；孩子告訴你她在學校得到了老師的稱讚，你應該用欣賞的口吻說：「噢，真棒，下次你一定會做得更好。」在傾聽的過程中，不但要認真傾聽，而且要善於思考，注重在談話中發現孩子的閃光點。比如，發現孩子能夠獨立地講述簡短的故事時，要及時給予讚賞：「你講的真不錯！」這樣，不僅使孩子樂意向你傾訴、溝通，也可以提升孩子的語言表達能力。

再者，放下家長的架子，接受孩子的建議。要建立一個民主型家庭，不能因孩子小就忽視她的家庭地位，與孩子有關的事要與她商量，使她感到自己是家裡的小主人。每天盡量抽出一點時間跟她聊聊在學校裡發生的事，這樣不僅加深了同孩子的感情，而且還可以發現孩子的長處和不足。另外，孩子犯錯誤時要允許她申辯。張媽媽這人脾氣不太好，多數時間又是一個人帶孩子，所以碰到女兒做的什麼事跟自己的要求不一樣就喜歡發火，有一次女兒哭著說：「我不想活了，哪有妳這樣當媽媽的，我做錯事妳就不能好好地跟我說嗎？」張媽媽聽後感到很大的震撼，當時眼淚就流出來了。說心裡話，張媽媽以前很少考慮孩子的感受和承受能力，但從那以後就很注意責備方式，做錯事也不急於責備女兒，而是讓她把心裡的想法說出來，然後有針對性地給予指

導和幫助。這樣一來，孩子有什麼心裡話都願意跟媽媽說
了，媽媽也能更好地了解孩子的內心世界，了解孩子的所思
所想了。

這樣堅持了兩年後，有一天，女兒放學後回到家裡，神
祕地告訴張媽媽：「今天我們幾個同學在一起議論父母對自
己的態度，好幾個同學都說想當妳女兒呢。」張媽媽得意地
笑了……

孩子為什麼不肯叫人

孩子小時候小嘴還挺甜的，怎麼長大了反而不喜歡叫
人了？

——相信不少家長都有這樣的納悶。剛學說話的孩子肯
叫人，是因為孩子開口講話多數是從叫人開始的。隨著語言
表述能力的進步，孩子叫人的積極性也越來越高，從最熟悉
的人開始一直喊到他不認識的人。尤其是得到稱讚後，孩子
叫人的積極性更高。

但是，隨著孩子心智的發展，他的認知也發生了變化。
他逐漸只喜歡叫自己喜歡的人、最親近的人。另外，不再是
牙牙學語的小孩，叫了人以後也得不到那麼多的誇獎，這也
是導致部分孩子開始不肯叫人的一個潛在原因。

家長如何讓不肯叫人的孩子變得肯叫人？

當孩子不熟悉的客人剛進自己家時，不要勉強孩子叫人（這樣容易引起孩子的反感），可以請孩子幫自己招待客人，為客人讓座、拿糖果、分水果等；以親切的語氣向孩子介紹客人的身分，再向客人介紹自己的孩子。在這種情況下，孩子應該是願意叫人的。如果仍然不肯就不要再勉強了，千萬不可在客人面前說：「這孩子什麼都好，就是不肯叫人。」或者：「這孩子怪怪的，兩三歲時的嘴可甜了，現在越長越啞巴了。」這類話只能產生相反的效果，讓孩子心裡產生「我就是這樣子（不肯叫人、啞巴）」的感覺，從而變得更加不叫人。

而當客人走的時候，家長可以帶孩子一起送客人，通常孩子都較願意說「再見」的。此時，家長可多鼓勵他與客人道別。

當然，父母自己也要做出表率。帶孩子出門時，見到同事、鄰居、長輩，家長也應該熱情地打招呼。這樣，孩子在你的影響之下，逐漸也會變得熱情開朗，樂於叫人。

孩子「人來瘋」怎麼辦

五歲的兵兵平時挺聽話，禮貌待人、乖巧可愛。可是家裡一有客人來，兵兵就一反常態，表現得超級淘氣，或大呼小叫，或故意把玩具丟得滿屋子都是，或在客人面前跑來跑去，顯得很「野」。這種情形，被人們稱為「人來瘋」。

「人來瘋」在幼兒中普遍存在，多出現於三到六歲期間，它是幼兒在客人來的時候情感上表現出近似胡鬧的異常興奮現象。孩子的「人來瘋」經常讓家長束手無策。孩子會出現「人來瘋」的行為，可能有下列原因：

一是孩子高度興奮。由於孩子平時在家中的玩伴比較少，當有客人到來時，意味著有新的交流對象及玩伴，孩子會比較容易興奮。然而，因為孩子的年齡還小，不知如何表達快樂的感受，再加上社交行為不純熟，不知如何對待來訪的客人，因而會出現特殊的舉止，比如跑跳、尖叫等，就如同七八個月大的小孩，遇到高興的事情時，就會用尖叫或拍桌子來表達心中的快樂感受。

二是為了引起注意。當家中有人來訪時，父母會因為忙於招待訪客而忽略身旁的孩子，此時，孩子就會用一些特殊的行為來表達心中的憤怒與不滿。比如不斷打岔，或是在一旁大聲說話、唱歌或遊戲，甚至哭鬧等。

三是生活秩序被打亂。當有客人來訪時，家中的生活作息勢必會受到影響，間接擾亂了孩子的生活秩序。年齡越小的孩子對秩序的要求越高，一旦生活秩序被破壞，情緒就容易失控，行為也會因此受到影響，當然也就無法有正常的休息。

另一方面則是由於家長平時的一些不恰當的做法。三到六歲的幼兒對於事物的判斷處於他律階段，即以成人的態度

第七章　家長與孩子一起改變

逐步形成自己對事物的認知，並決定自己該如何行動。家長的不恰當做法對於這階段的孩子來說是負面強化，易使孩子形成錯誤的認知，從而表現出不適當的行為。如經常讓孩子在客人面前表演才藝。當家裡來了客人時，一些家長會有意無意地讓孩子在客人面前表演才藝。表演完之後，在場的人都會給予肯定與讚賞，並且孩子表現得越誇張，越能激起成人的歡聲笑語。成人的這些反應對孩子是負面的強化，使孩子形成錯誤的認知，認為這是能夠得到成人誇獎與認同的行為，客人來的時候就應該這樣表現。這種發現會讓孩子特別興奮，而幼兒的自我控制能力比較差，一旦興奮，便很難制止，而很多家長礙於客人在場，很多情況下會遷就孩子，等客人走後孩子安靜下來也就不再追究。這種做法引導與暗示了孩子，這種行為家長是認可的，並且會逐漸使得孩子把這種錯誤的認知內化到自己的認知結構中，形成習慣性的行為，從而導致以後一有客人來孩子就會很興奮，特別想表現自己，以得到成人的讚賞。

還有些家長，平時對孩子嚴格要求，但家裡來了客人的時候，會不自覺地放鬆對孩子的要求，甚至處處遷就他。家長這種不一致的行為，對孩子來說也是負面的強化。久而久之會使孩子形成一種錯誤的認知：家裡來了客人的時候，可以得到平時很難得到的東西。這樣孩子會特別希望家裡來客

人，有客人來的時候孩子會特別興奮也不足為奇了。

因此，當孩子出現「人來瘋」的行為時，父母需要先思考是何種因素造成的，進而針對不同的原因，做適度的修正，幫助孩子建立良好的社會行為。孩子的特殊行為多半有跡可循，父母只要多一些觀察，就可以找到孩子「人來瘋」的原因，提供適當的引導，逐漸改善孩子的行為。

對於因長期孤單而引起的「人來瘋」，家長平時應該有意識地創造條件，給孩子尋找一些玩伴。可以邀請一些小朋友到家裡玩，或者帶著孩子去別的小朋友家裡玩，減少孩子因為在家中缺少玩伴而引發的孤獨、寂寞感。這樣，當家裡來客人後他也就「見怪不怪」了。此外，對於既定的來訪，家長可以事先告知孩子，包括知道訪客的名字，有多少人會到家中，讓孩子有心理準備。

而對於那些被冷落而抗議的孩子，家長只需要把他納入主人的陣營就可以解決問題。如邀請孩子參與大人的聊天，亦可請孩子幫忙準備茶點，並做小小嚮導，介紹家中的陳設，或是分享照片等。如此，在不冷落孩子的同時，不僅建立了孩子的自信心，也讓孩子學習了基本的社交禮儀，可謂一箭三雕。

對於秩序需求較高的孩子，家長除了在客人造訪前先做心理建議外，還應盡量不要破壞孩子的生活作息，以免造成孩子

的情緒失控。當孩子漸漸長大後，對秩序的需求自然會降低，便可以有效地控制情緒。因此，在孩子年紀還小時，父母需要多一些配合，才能夠幫助孩子盡早適應生活的改變。

　　對於「人來瘋」的孩子，家長應該注意讓孩子在客人面前的「才藝」表演適可而止，不要讓他表演得太多。對於那些非常容易興奮的孩子，則應盡量不讓其在客人面前表演。如果孩子在家中有訪客時提些無理要求，父母一定要堅持立場不妥協。即便孩子哭鬧，也不可因面子問題而妥協，但也不宜當著訪客的面過度指責孩子。父母可以將他帶到別處溝通，引導孩子用理性的方式解決問題。

避免兒童社交恐懼症

　　張先生的兒子已經四歲，原來是夫妻倆自己帶，後來隨著工作日漸繁忙，照顧孩子的時間也越來越少，於是他們將兒子送到了幼兒園。沒想到幾週後，幼兒園老師打電話來，說他們的孩子可能有社交恐懼症，建議進行心理輔導。張先生夫婦很是詫異，每天上下學接送，兒子一看見父母就笑逐顏開，回家也不停地說在幼兒園學到了什麼新東西，沒看出異常啊。於是張先生決定請一天假，到幼兒園看個究竟。

　　在老師的陪同下，張先生來到兒子的班級，躲在窗外觀察。他發現，無論是上課還是自由活動，兒子總是一個人躲

在小朋友們的後面。老師上課對他提問，他低著頭、紅著臉，不知道嚅嚅嚅嚅地在說什麼；自由活動時，小朋友們大部分都聚在一起玩，但自己的兒子卻一個人搬著小板凳在邊上自己玩積木。同時，張先生還注意到，晚上帶孩子散步，見到幼兒園的的叔叔阿姨，兒子從來不叫，要麼裝沒看見，要麼死命地拽著媽媽的衣角，往身後躲。

其實，這樣的現象在許多孩子身上都很常見。我們知道，兒童由於缺乏獨立生存能力和社交經驗，在離開父母、獨自面對陌生人的時候，會產生焦慮。隨著和陌生人交流次數的增加，焦慮逐漸降低，最終會成為「熟人」。但如果長時間、反覆出現持續的焦慮情緒和迴避行為，就表示有社交恐懼症的嫌疑了。

社交恐懼症的原因可分為先天和後天兩種。根據研究，直系親屬中有社交恐懼症的兒童患該病症的機率比直系親屬中無社交恐懼症的高十倍之多。可見，生物遺傳因素是導致兒童社交恐懼症的原因之一。

除此之外，後天的因素也不可忽略。如果兒童早期生活在一個敏感、家庭關係緊張的氛圍中，如父母經常吵架，婆媳關係（奶奶和媽媽）不和等，都會讓孩子產生自我退縮、封閉的防禦機制，進而推廣到以後害怕面對所有陌生人。此外，父母，尤其是母親對孩子的限制越多，孩子越容易形成「行為抑制」的氣質，在陌生人面前保守、躲避。

兒時的社交恐懼症會對其成人後的社交生活產生不利影響。儘管有研究顯示，社交恐懼症與智商沒有相關性，但對於大部分人來說，有社交恐懼症的人，會被同事或上司認為「難以溝通」、「沒有團隊精神」等，影響職場的發展。

對於兒童社交恐懼症的治療，主要有藥物治療和心理治療兩種方式。前者主要是改變導致社交恐懼的先天生理因素，後者則側重於社會因素。藥物治療有副作用，需要在醫生的嚴格指導下進行。心理治療主要採用系統減敏法，即先確立恐懼等級，例如和父母在一起為零，和陌生小朋友在一起遊戲為一百；然後從在父母陪同下讓他遠遠看其他小朋友玩耍開始，逐步推進到在父母陪同下讓他靠近其他小朋友、和其他小朋友說話、一起玩遊戲……直到在沒有父母陪同下他能和其他小朋友玩遊戲。當每一階段的恐懼感逐漸降低後，再進行到下一階段，逐漸減敏。

賞識和尊重孩子的朋友

賞識和尊重孩子的朋友，不僅可以讓孩子感覺到父母對他的尊重而更加信賴父母，而且還可以促進孩子之間的友誼和交流，促使他們互相幫助、互相學習。

身為成年人，我們都有一種體會：回憶起童年生活時總感覺非常興奮，對兒時的朋友更是感到格外親密，說起與童

年朋友一起做的各種趣事，如數家珍。我們的經歷說明：孩子需要朋友，孩童時代的友誼是非常珍貴的。朋友的缺失不僅使孩子的童年極為孤獨，而且對孩子的身心健康極為不利。因此，父母應該珍視孩子的朋友，透過賞識和尊重孩子的朋友，培養孩子團結友愛、協作互助的良好習慣。

首先，可以透過賞識孩子朋友的優點，讓孩子在與小朋友的交流中主動學習，克服自己的缺點。

小強有一個壞毛病，常常將自己的東西總亂扔，結果到用的時候怎麼都找不到。後來，他認識了鄰居家一個叫芊芊的小女孩，兩個人經常在一起玩。

小強的媽媽發現芊芊非常愛乾淨，自己的東西從來都是整理得井井有條。於是，媽媽問小強：「你和芊芊是好朋友嗎？」

「當然是啊！」小強回答媽媽。

「好朋友就應該互相學習，你看芊芊多愛乾淨，總是把自己的東西收拾得整整齊齊，你能做到嗎？如果你做不到，芊芊可能就不會和你做好朋友囉。」

後來，小強果然改掉了亂扔東西的壞習慣，自己的東西也收拾得整齊多了。

其實，孩子之間的互相學習跟大人在交流中互相學習是一樣的，只不過孩子們的學習比較簡單和直接罷了，而這恰恰是孩子們所需要的。

其次，尊重孩子的朋友，鼓勵孩子與小朋友們交流，可以培養孩子的社會適應和交際能力。

在孩子們的遊戲中，常常透過「手心、手背」的方法決定由誰「當皇帝」、「當大將」、「將解放軍」、「當壞蛋」……這是一種簡單的機會均等的民主方法，卻可以培養孩子們「少數服從多數」的民主思想。孩子們常在一起玩「扮家家酒」的遊戲，扮演不同的角色，再現家庭生活中的各種情景，買菜、做飯、睡覺、掃地以及拜訪親戚等。這是成人社會現象在兒童社會中的折射，孩子們在「扮家家酒」中了解了很多社會知識，也鍛鍊了初步的社交能力。再如，孩子們常常為了一個問題爭論得面紅耳赤，不可開交，不管問題解決得是否合理，他們的認知總會前進一步，這也是學習社會的一個過程。如果孩子沒有朋友，這一切都是不可能的。

孩子與他的夥伴在交流中或多或少會產生摩擦。父母在孩子出現不愉快情緒的時候，要注意以關愛的方式去詢問孩子。如果孩子真是遭遇到了交流挫折，父母最好能和孩子面對面地坐下來好好談一談，討論什麼是真正的友誼，應該怎樣解決矛盾等話題，並指導和幫助孩子處理交流中的困難。

再次，鼓勵孩子在與小朋友的交流中培養群體意識，可以克服孩子過強的個體意識。

　　朋友之間的群體生活可以克服孩子以自我為中心的毛病，讓他們遵從群體活動規則，了解每個人的權利和義務。如果只顧自己，就會受到朋友的排斥，小朋友會看不起他，不跟他玩，這將會促使孩子最終向群體規範「投降」。合群是人的重要品質和能力，這是家長無法口授給孩子的。

　　鼓勵孩子進行正常的交流，多交朋友，包括異性朋友。父母可以鼓勵孩子和其他的孩子交朋友，交一些與自己個性不同的朋友，比如膽大的就可以找膽小的，內向的就可以找外向的，形成優勢互補，父母也要注意不排斥孩子交一些異性朋友。

　　另外，要歡迎孩子的朋友到家裡來玩。

　　把孩子的朋友當成自己的朋友一樣，採取熱情歡迎的態度。當小朋友來家裡時，家長應該說「我們家來客人啦，歡迎歡迎」，或者說「真高興我的孩子有你們這樣的朋友，你們能來太好了」！而且要鼓勵孩子認真接待，讓孩子的朋友感覺到你對他們的支持和賞識。孩子缺乏朋友的時候，可以帶孩子一起外出旅行或者一起參加某項活動來擴大孩子的交友範圍。

　　總之，在孩子成長的過程中，是需要朋友的。可是，有時父母會發現，孩子交流的朋友不一定都能令自己滿意。孩子作為一個獨立的個體，他有自己選擇朋友的權利，但這並

不是說孩子無論交什麼樣的朋友都可以，還是有一個原則的，父母應當適時地掌握這個原則。

物以類聚，人以群分。父母對孩子交友的擔憂不無道理。孩子分辨是非的觀念還不強，需要父母的及時指導。父母不能以自己的意願來強求孩子選擇朋友，但也不能對孩子的交友放任不管。只要孩子的朋友人品上沒有問題，父母就不應該干涉他們的交流。

分析三個教育案例

場景一：

門鈴響起，媽媽打開門，進來的是同事張阿姨。媽媽請張阿姨進門。這時，四歲的亮亮正高興地玩著遙控汽車。他拿著遙控器，追著玩具汽車跑，從阿姨和媽媽之間穿過。媽媽一把拽住他：「你這孩子，這麼不懂禮貌！快，向阿姨問好！」亮亮嚇了一跳，傻傻地站住了，一時不知怎樣開口打招呼。媽媽很尷尬，一直抱歉地對阿姨說：「這孩子一貫是這樣，見到陌生人都不敢說話，嘴上像貼了封條似的。」說著兩人進了屋，留下亮亮一個人愣愣的，連車也沒心思玩了。

場景二：

……亮亮拿著遙控器，追著玩具汽車跑，從張阿姨和媽媽之間穿過。他邊跑邊匆匆地說了聲「阿姨好」，就追他的

玩具汽車去了。媽媽大喝一聲：「站住！」亮亮不知所措地站在那裡。媽媽這時放緩了語氣：「見到客人要有禮貌，和客人打招呼、同長輩說話，都要停下正在做的事，問過好之後再玩，知道嗎？你自己想想你剛才做過的事對不對？」亮亮低著頭，小聲地說：「我錯了。』

場景三：

……亮亮匆匆地問了聲阿姨好後，追玩具汽車去了。媽媽叮囑他：「慢點。」客人離去後，媽媽把亮亮叫到面前，給他講了一個不講禮貌的故事，其中就有今天來客人時的場景。然後，媽媽問亮亮：「你說這種做法對不對呢？」亮亮有點不好意思地回答說：「不對，我可不願和他一樣。」

三四歲的孩子，正進入了人生第一個叛逆期，事事都要求自己來、自己去想、去做，加上對於社交中的禮儀問題一知半解，自然無法做得如成人般圓熟、有分寸。此時，家長一方面要讓他明白禮儀的重要性和正確的禮儀規範，一方面還要注意方法，以避免孩子對社交禮儀產生恐懼、厭惡等心理，對孩子成功走入社交圈造成心理障礙。

場景一中亮亮的注意力全部集中在玩具車上 —— 這是孩子的成長心理使然，並不是什麼過錯。反而是過分注意禮節卻不知教育方法的媽媽，把孩子嚇了一跳，並且讓孩子在客人面前「丟了臉」（可別以為小孩子不知道愛面子）。媽媽

的做法，容易使孩子產生社交恐懼心理，甚至會出現自我心理暗示：我就是一個嘴上貼了封條的孩子，我天生就是這樣，這是媽媽說的。

場景二中的媽媽看來十分重視孩子教育問題，並且要求十分嚴格，教育方法似乎也無可厚非。但這種「當面教子」的方法，雖然可令孩子產生深刻印象，但同時既讓孩子感到難堪，也似乎在告訴孩子：你完全可以不顧客人是否在場，隨意做自己想要做的任何事（比如責怪他人）。需要指出的是，孩子在這一時期具有極強的模仿力，而這位媽媽很可能成為一個不太理想的榜樣。

與之相比，場景三中媽媽的做法是最妥當的。故事在孩子教育中佔有不可動搖的位置，在聽故事的過程中，孩子常常會把自己當成其中的主角，並能夠相對理性地分析、判斷故事中的錯與對，這樣的做法不但讓孩子掌握了社交禮儀，而且還讓他學會了自己分析與思考，真可謂一舉兩得！

第八章

家長還應該學些什麼

先哲荀子有云：「人之生不能無群。」意思是說，人要透過交流、透過建立和諧的人際關係，才能過社會生活。研究顯示，成年後的人際關係狀況，往往與幼年時的交際能力有著密切的關聯，因此如何在幼兒時期培養孩子人際交流的能力，是父母們都非常關心的話題。

父母是孩子的第一任老師。然而，並不是每一位父母都天生具備老師的資格。教育孩子是一門藝術，掌握這門藝術必定需要艱苦的學習。不單是學習相關方法，更重要的是要樹立適合現代生活的正確教育觀。因此，身為父母要不斷地學習、提升自己，這不只為了孩子，同時也是為了自己。

伴隨孩子一起學習

有一個社區，年輕的媽媽們總喜歡聚集在一起研究教子經驗。有一次，一個小孩從家中帶來了汽車，其他孩子看到後都非常感興趣，他們都說自己家中也有汽車並說明天帶來。媽媽們發現孩子們對汽車都非常喜愛，便開展了「汽車俱樂部」的主題活動，活動中，以歌曲〈我是小司機〉為背景音樂，媽媽帶孩子模仿開汽車的動作玩耍，讓孩子在和媽媽一起遊戲的過程中認識轎車、公車、自行車、火車等。

進行遊戲時，媽媽們發現孩子們的注意力集中，興趣較高，每個孩子都對這個遊戲很感興趣，能認真地聽關於汽車

的講解。媽媽們又讓孩子們自己談談感想，在這個過程中，孩子們的表達能力也得到了進一步的鍛鍊。

生活中很多年輕的媽媽們越來越意識到陪伴孩子成長的必要性，不僅是要求家長俯下身與孩子交談，更要俯下心與孩子一起學習，一起遊戲。

某市曾經在本地區的學生中做了一個調查，讓孩子說說自己的父母每天都在忙什麼，然後讓孩子們記錄下自己父母每天的活動。這個調查的目標很明確，就是讓孩子了解家長的辛苦。但是結果卻出乎想像，大多數孩子的答案是：家事都讓爺爺奶奶或是保姆包了，父母把時間都用在打麻將、美容和看電視劇上！他們最希望爸爸媽媽能夠看報紙、學英語、和他們一起上網！

孩子的世界是豐富多彩的，和孩子一起學習，樂壞了孩子，淨化了大人。父母在和孩子一起學習的過程中，可以和孩子一起笑，一起鬧，在孩子的腦海裡會留下和諧與友善、和睦與溫馨、欣賞與尊重的印記。互相尊重彼此的興趣和愛好，讓孩子在學習的同時，能有自己的心靈空間，還能一起分享親情的溫暖，讓孩子在成長的過程中能自然地適應社會、融入社會。

在孩子的成長過程中，父母的影響至關重要。身為父母，在教育孩子的同時，也要不斷學習和反思，只有父母的內心是豐富的、積極的，才能培育出真正健康、快樂的孩子！

放大孩子的優點

一位家長傾訴：

我們做家長的常常為孩子考試成績不好而擔心，為孩子不能正確面對挫折和失敗而慨嘆，為孩子恨鐵不成鋼而揪心，為孩子不聽教而惱怒，每天總要說說他罵罵他，希望他學業有所進步，做事更大膽主動，做人乖巧靈活，將來有出息。可不知怎麼搞的，我們越說孩子，成績反而每況愈下，而且人顯得越來越孤僻、自卑、不言不語，與家長的隔閡加深，甚至與家長正面衝突，家庭籠罩著一片陰影。我們憤怒，我們難過，我們焦急，老天爺為什麼這麼不公，給我們這樣一個愚笨不長進的孩子？我們到底應該怎麼辦？

有些家長，抱著所謂的「望子成龍」的觀念，拚命地用鞭子抽打孩子快跑。結果事與願違，孩子不但越跑越慢，最後連個性也變得孤僻自卑了。

曾在書上看過這樣一個故事：

老員外的三個兒子都很笨，老員外很發愁，擔心家產會敗在他們手中。於是，他決定請當地一個很有名氣的老秀才來教他的兒子。老秀才說：「我得考考你的三個兒子，透過考試我才能收下他們。」老員外心裡暗暗叫苦。

第一個上場的是大兒子。考試的內容是對對聯，老秀才出的上聯是：東邊一棵樹。大兒子急得頭上冒出了汗，

196

也想不出該對什麼，嘴裡直念叨：「東邊一棵樹，東邊一棵樹……」老員外在一旁直想發火，一下，老秀才說話了：「此子記性不錯，我只說了一句，他就記住了，可教也，我收了。」

第二個出場的是二兒子。老秀才出的上聯還是：東邊一棵樹。二兒子在進考場之前已聽哥哥說過題目，張口就對：「西邊一棵樹。」氣得老員外目瞪口呆。老秀才說：「此子改了方向，以西對東，對得貼切，可教也，收了。」

最後是三兒子。還是一樣的題，三兒子想了半天，也沒想出好的對聯，不由得大哭起來。老員外覺得太丟人了，誰知道，老秀才說道：「此子有羞恥感，可教也，收了。」

老秀才收下老員外的三個兒子，透過悉心調教，終於將他們打造成了有用之才。

看了以上這則故事，不知你有什麼感想？我們所面對的每個孩子都是一個鮮活的個體，他們表現出不同的個性特徵、不同的興趣愛好，他們的知識結構、知識基礎、思維方式、行為方式等都表現出差異，當然成績也就出現了差異。但是要知道人的想像力、創造力和社交能力是無法用考試分數來衡量的。正所謂「天生我材必有用」。每個孩子都是人才，都有極大的潛力，等著我們去挖掘、去培養，這就要求我們在教育教學中要以發展、欣賞的眼光看每一個孩子，只要有進步就應該予以承認，永遠都不要對孩子說「你不

行」，不要挫傷孩子的自信心，要讓每個孩子都有機會品味成功，享受成功。

世上沒有失敗的孩子，只有失敗的家長（老師）。每個孩子都有他的長處，關鍵在於大人們善不善於發現和放大孩子身上的優點。今天你把一個孩子當什麼樣的人看待，明天這個孩子就有可能成為什麼樣的人。用發現、欣賞的眼光去放大孩子的優點，就一定會欣賞到孩子身上「美麗的風景」！

為了讓孩子今後在社交中自信與得體，家長要盡量少責備、辱罵孩子，尤其是在外人面前，更是要注意給孩子「面子」。有些孩子從小可能有些內向，身為家長更應多給予孩子關愛，要耐心、細緻、體諒，對孩子在社交上的點滴進步，也要給予充分的鼓勵，讓孩子感受到成功的喜悅，增強自信心。自信是積極的心理特質，是促使人向上奮進的內部力量，是一個人取得成功而必備的重要心理素養。

有一位學者曾經呼籲：「哪怕天下所有的人都看不起你的孩子，做父母的都應眼含熱淚地欣賞他、擁抱他、讚美他。」家長對孩子客觀、肯定的評價，是孩子自信心形成的重要因素之一。千萬不能因為孩子年紀尚幼，便隨意嘲諷、斥責，甚至侮辱和懲罰，這會使他們的自尊心、自信心受到嚴重的傷害。

如果你發現孩子的一個優點，那麼你已逐漸學會如何為人父母親；如果你發現孩子的五個優點，那麼你是合格的父母親；如果你發現孩子的十個優點，那麼恭喜你……

你絕對是優秀的父母親！

用講道理代替責備

一位兒童心理學家曾對父母的責罵是否對孩子成長有所影響進行過研究，他把父母責備孩子的不良態度分為下列幾種，並且舉出了一些會使孩子變壞的責備方式：

難聽的字眼：傻瓜、騙子、不中用的東西。

侮辱：你簡直是個飯桶！垃圾！廢物！

非難：叫你不要做，你還是要做，真是不可救藥！

壓制：不要強詞奪理，我不會聽你的狡辯！

強迫：我說不行就不行！

威脅：你再不學好，我就不理你了！你就給我滾出去！

央求：我求你不要再這樣做了，行吧？

賄賂：只要你聽話，我就給你買一輛自行車；或者只要你考到一百分，我就給你一百元。

挖苦：洗碗，你就打破碗；真能幹，將來還要做大事！

這種惡言惡語，強迫、威脅，甚至挖苦，都是父母在氣急了的時候，恨鐵不成鋼的情況下，訓斥子女時常採用的方

法。但是，它們通常也是最不能為孩子，尤其是有些反抗性或自尊心強的孩子所接受的。它們不但不能把孩子教好，反而會把事情弄僵，在不知不覺中給予孩子不良的影響。至於央求和用金錢來誘惑，更是只會把孩子引上邪路。

心理學研究顯示：父母管教孩子，如果管得過於嚴厲，久了，孩子就成了所謂的木頭人。這種人最容易被大眾所遺忘、無視甚至踐踏，人緣自然是奇差無比。

斥責的語言往往會傷害孩子的自尊心。在父母一次次的斥責聲中，孩子會漸漸習慣這些詞語，從而變得麻木不仁，缺乏自尊心。這正如有人指出的：「那些被認為沒有自尊心的孩子，是外界沒有給他們提供使自尊心理健康發展的良好環境。他們的自尊心是殘缺的，病態的，他們是斥責教育的受害者。」

在父母看來，斥責孩子是為了管教孩子，而管教孩子就是為了讓孩子聽話。因此，經常強迫孩子照父母的話去做，否則就開始聲討。這很容易使孩子變得被動、依賴，遇到事情只會等待大人的指令，不敢自行做出判斷，唯恐做錯事情遭到斥責，這不僅會影響孩子獨立性的發展，對孩子的思維能力和創造力培養也極其不利。

從表面上看，遭到斥責的孩子很快表示服從，似乎問題得到了解決。但事實上，孩子記住的只是斥責給自己帶來的

痛苦體驗，而對自己的過錯行為本身卻很少自我反思，因此斥責反而會削弱孩子自我教育的能力。

為了避免斥責帶來的負面效應，父母要盡量少斥責孩子，確有必要進行斥責時應注意以下三點：

- **讓孩子知道自己錯在哪裡**：由於孩子年齡小，知識經驗少，能力有限，因此常常會惹出這樣那樣的事端來，父母應實事求是地加以評價，講講道理，同時更應幫助孩子分析原因，引導他自我反省，自己到底哪裡做得不對。

- **告訴孩子正確的做法**：斥責本身只是一種教育方法，而不是教育的目的，教育的目的是為了使孩子今後不再犯同樣的錯誤。因此，父母在斥責孩子的同時還要耐心地教給孩子做事的方法。最好是暗示，讓孩子自己去思考、去判斷，透過自己的努力加以改進。

- **尊重孩子的人格**：在大人眼裡，往往覺得孩子小，什麼都不懂，其實他們對周圍的人和事會有自己的認知方式和情感傾向，也需要別人的理解和信任。我們只有尊重孩子，用科學民主的方法對待他們，才能把他們培養成有高度自尊心和責任感的人。因此，斥責孩子時一定要注意場合和分寸，切莫在大庭廣眾之下訓斥孩子，也不要說粗魯、譏諷孩子的話。

和孩子做換位思考

不是天與地之間的高度，也不是天涯海角的長度，而是兩顆心之間的交融。相距再近的兩個人，心與心之間的距離也可能是咫尺天涯。而很不幸的是，有些父母與孩子兩代人之間的代溝往往就超過了天塹的寬度。

世界上最遠的距離是什麼？

我們經常聽到父母們無奈地說：「孩子有什麼話也不對我說，我說什麼孩子也不聽。」另一方面，孩子們也在抱怨父母：「爸爸媽媽光想說自己想說的話，可我想說的話，爸爸媽媽總當成是耳邊風。」這樣的事情在許多家庭中蔓延，父母和孩子之間有一條無法踰越的「鴻溝」，雖然一家人每天都會在一起。

仔細回想一下，我們是不是經常說下面一些話：

1. 孩子：媽媽，我累了。

   媽媽：你剛剛睡過了，不可能累的。

   孩子：（大聲的）我就是累了！

   媽媽：（有點生氣）你不累，就是有點愛犯睏，快換衣服吧。

   孩子：（哭鬧）不，我就是累了！

2. 孩子：媽媽，這裡好熱。

   媽媽：這兒冷，快穿上毛衣。

孩子：我不，我熱。

媽媽：我說過了，穿上毛衣！

孩子：（大聲的）不！我熱！

3. 孩子：這個電視節目真無聊。

媽媽：不會吧？它多有有趣啊。

孩子：這個節目好笨。

媽媽：別亂說，它很有教育意義。

孩子：這個節目真爛。

媽媽：（有點生氣）不許你亂說話！

這是我們生活中經常發生的事情。所有的對話到最後幾乎演變成了吵架。最後的結果怎樣，不言而喻。

家長在指責孩子不聽話的時候，是不是也應該考慮一下孩子們內心的想法？我們不妨經常做做「換位思考」：如果我是孩子的話，我會怎麼做？我們心裡問自己：「假設我就是那個感覺累或是感覺熱或者感覺無聊的孩子，希望讓那個對我的生活至關重要的成人理解我的感受，會是怎樣的結果？……」

了解了問題的癥結所在後，我們是不是應該這麼回答：「雖說你剛睡過覺，但你仍然感到累。」或者「我覺得冷，但你覺得這裡很熱。」又或者是「你好像對這個節目不感興趣。」不管怎麼說，我們和孩子是兩個獨立的個體，有著不同的感知，有自己真實的感受，它沒有對錯之分。

就像某篇童話中說的那樣：小馬要過河，松鼠說河很深，老牛說河很淺，小馬過去的時候河不深也不淺。難道我們能說它們都說錯了嗎？沒有，它們是站在自己的立場上來說的，當然都對。但對於小馬而言，當然都是錯誤的了。我們就像是那松鼠和老牛，說的只是我們自己的感受，而完全忽略了小馬（孩子）與我們的不同。

其實很簡單，放下大人的架子，站在孩子的角度上，理解和尊重孩子的想法，耐心地和孩子溝通交談。我們就會驚訝地發現，孩子的內心世界和我們的一樣精彩。

而換位思考所帶來的，不僅僅是家長與孩子之間的理解、和諧，還能在潛移默化中讓孩子也養成換位思考的好習慣，這有利於提升孩子的情商。

莫讓孩子沉迷電視

對孩子而言，電視是一種最輕鬆、不必花費腦筋和力氣的娛樂。你只需要握著遙控器，輕輕地移動手指頭，數十個電視臺，琳瑯滿目的內容，可以任由自己隨意挑選和轉換。對家長而言，電視不僅是一個好保姆，可以讓自己暫時擺脫照顧孩子的壓力；它也常常扮演著避免家人之間衝突爭吵的重要角色，當每個人盯著電視看不再互動時，似乎家裡也就平靜了不少。

因為電視帶來的方便性，讓我們的生活越來越依賴電視。「打開電視」變成每個人日常生活中一個自動化的動作。早上起床，下班回家，第一個動作就是打開電視。電視的聲音變成日常生活的背景音效，在很多家庭裡，如果沒有電視的聲音反倒讓人感覺很不習慣。

然而，你是否想到：當你的孩子把大量的時間用於看電視，那麼他（她）與外界交流的機會就大大減少。長時間獨處，終日與電視為伴，會使孩子的心理發育產生障礙：他們時常模仿電視中人物的動作和語言，不看電視就會焦躁不安，看電視時討厭別人打擾。由於孩子的自我控制能力差，個性和行為可塑性大，而他們的模仿能力又強，對形形色色的電視訊息大多是囫圇吞棗，影響了思維、個性和行為的正常發展，這對兒童心理發育也會造成負面效應。

日本兵庫教育大學針對上千名三歲幼兒進行的一項調查指出，幼兒長時間看電視或錄影帶，可能對其社交能力造成不良影響。具體到三歲孩子的社交能力判定，是透過人與人交流學習到的禮讓、排隊等參數。

問卷調查是針對三歲六個月幼兒的家長進行的，有一千一百八十人做了回答。

調查結果顯示，一天看電視不超過四小時的幼兒中，百分之九十六點三可與朋友分享糖果餅乾，借玩具給別人，看

電視超過四小時的只有百分之八十點二。

　　一天看電視不超過兩小時的幼兒當中，百分之九十五點一可以耐心排隊等候盪鞦韆，二到四小時的人也有百分之六點三會耐心等待，但看電視超過四小對的只有百分之七十六點五的人有耐心等。

　　看電視不超過兩小時的幼兒當中，百分之八十四會主動幫助、照顧其他幼兒，二至四小時有百分之八十六點四，四小時以上只占百分之六十點五。

　　數字是最有力的說服武器。看了以上的調查數據，身為家長的你，還會讓孩子耽溺於電視中嗎？

　　其實，長時間看電視並不是孩子內心的真正需要。很多媽媽可能會說不對呀，我家孩子最喜歡看電視了。其實，孩子對電視如飢似渴的「需要」，是因為內心「空虛」而引起的。

　　孩子也會內心空虛嗎？答案是肯定的。美國兒童心理學家普林格爾認為，兒童生來有愛的需要，有了解新事物的需要。從成人那裡獲得充足安全感的愛對孩子來說是第一位的。有了安全感，他才會充分利用自己的各種感官去感知周圍的事物，積極發展自己的才華。對於周圍的環境來說，孩子是一個真正的「參與者」。如果這些基本的、深層次的需要得不到滿足，孩子會退而求其次，透過別的方式來滿足自己內心的需要。

如同大禹治水，要疏堵結合才能見效。孩子幾乎是不可能不看電視的，而且看電視對他的成長也並非有百害而無一利。父母要注意不放任孩子，不要讓他亂看，想看什麼就看什麼，以免他會盲目、隨意地找一些並不適合他的一些節目來看。不要讓孩子看太多複雜的成人節目，比如言情片、武打片、警匪片，因為孩子很難理解。有兩類節目較適合兒童去觀看，一類就是兒童文學，像一些兒童文學的名著，童話改編的故事、卡通都是很好的；另一類就是知識類的，比如說大自然探險、動物世界、科學奧祕等節目對孩子也很有好處。讓孩子看這樣的電視節目，對他們的身心發展是很有益處的，因為兒童的觀察是直觀性的，年齡越小越不喜歡文字而喜歡畫面。

此外，可以引導學齡兒童多看一些新聞時事節目。在調查中發現，有些孩子由於課業壓力過大，沒有時間看電視，也沒有時間看課外書，結果孩子生活貧乏，連最基本的常識都不知道。

甚至，家長還可以引導孩子看廣告。一個開放的世界，也是一個廣告的世界，廣告都會用藝術的、誇張的手法去展示自己產品美好的一面。要提醒孩子不要盲從廣告消費，在看廣告時要引導孩子判斷哪些訊息是正確的、有用的，用其利而防其弊，這樣才可謂是成熟的廣告教育。

第八章　家長還應該學些什麼

　　一定跟孩子訂定看電視的時間，並嚴格遵守。當然時間的規定應和孩子認真地協商，然後定一個規則，定了規則之後就不能夠違反，一定要說話算話。如果孩子違反了，要有懲罰措施。例如只要超過了時間，那就以兩天不能看電視，或者一個星期不能看電視為懲罰。一定要讓孩子遵守規定，做到說話算話，讓孩子對自己負責。

　　許多年輕的父母會說，孩子由於年齡小，對於不讓他看電視的要求往往以哭鬧來對付，聽著孩子的哭聲，許多父母只能「束手就擒」。其實，父母應該先申明規矩，如果孩子不遵守，就可以採取暫時冷落孩子的方法。孩子因為看不上電視吵鬧，首先應不理他，如果孩子任性地摔東西，就要嚴肅地警告他：損壞東西要賠，並且更長時間不許看電視。

　　當然，父母也要約束自己。要求孩子有節制地看電視，父母當然要以身作則。現實生活中確實有部分父母缺乏其他消遣愛好，將所有的空閒時間都花在看電視上，如果自己不分時間看電視，卻要求孩子少看、不看電視，這是很困難的。

　　最後，家長應該將孩子的活動盡量安排好，使孩子不必用電視來填補時間的空白。如起床、三餐、點心、就寢、午休、戶外活動、室內活動、講故事、堆積木時間以及和小朋友玩耍的時間等，要有規律，要讓孩子的生活充實起來。

　　要讓重度「電視迷」擺脫電視的糾纏，以上介紹的方法或許很難奏效。幸好，來自美國的安東尼夫婦已經為我們總結出了一套經驗。

　　安東尼夫婦整天忙於工作，於是把兩歲的兒子伯尼全權託付給「電視保姆」，一晃兒六年時間過去了。最近，安東尼太太發現伯尼有些不對勁，他怕見生人，只要家中有訪客，他便嚇得躲在屋裡不敢出來，舉止表現一點也不像一個八歲的男孩子。這讓安東尼太太很納悶，經過一段時間的觀察，她發現孩子的問題還不止於此。伯尼不愛說話，不和其他小朋友一起玩耍，整天呆坐在電視前，一離開電視便無精打采、目光渙散……「不會是患上『電視自閉症』了吧？」安東尼太太感到問題的嚴重性。經心理醫生證實，她的猜測完全正確：伯尼患上了輕度「電視自閉症」。怎麼辦？幫助孩子徹底戒掉「電視癮」，成了安東尼夫婦的首要任務。

　　安東尼夫婦想盡辦法讓伯尼離開電視，他們把孩子帶到戶外，開始讓大自然為伯尼療傷。每逢假日，安東尼夫婦便把伯尼的朋友們召集起來，組成郊遊隊伍或家庭棒球隊，讓孩子們在田間、球場上狂奔、打鬧、嬉戲……漸漸地，木訥的伯尼開始變得活潑了。在遊戲的空閒時間，安東尼夫婦還特地為伯尼安排一些活動。例如，讓他為大家唱歌或者講故事，聽到兄弟姐妹們的熱烈掌聲和大人們的讚美，伯尼的信

心也逐漸建立起來，說話不再臉紅且流利了許多。

　　此外，安東尼夫婦還專門為孩子安排了「社交課」，經常邀請一些朋友到家做客，讓安東尼負責接待。時間一長，伯尼再也不怕生了，還會主動與客人攀談。

　　現在，伯尼不再迷戀電視，每天在花園裡和小朋友們玩遊戲。看到伯尼從沉默到活潑，安東尼夫婦為此付出了許多努力之後，備感欣慰。

　　針對伯尼的「電視自閉症」，安東尼夫婦的方法很簡單，那就是「人海戰術」，動員量大親戚、朋友一起郊遊、聚會，讓伯尼學會融入人群，在人群中重建信心，獲得歡樂，自然就會遠離電視。這樣既幫助孩子治好了「電視自閉症」，也讓孩子學會了人際交流。

第九章

重視孩子的道德品格教育

一個品行惡劣的人，神憎鬼厭，除非臭味相投的幾個小人，沒有誰願意與之交朋友。因此，品行之優劣，決定了一個人交際圈子的大小與品質。

培養孩子良好的道德品性是極為重要的。貝多芬曾告誡後人：「把『德性』教給你的孩子。……使人幸福的是德性而非金錢。」歌德則說：「如果你失去了金錢，你只失去了一點點；如果你失去了名譽，你就失去了很多；如果你失去了人格，你就失去了所有。」

彬彬有禮，從小做起

做彬彬有禮的「紳士淑女」，不但是社交的需要，也是生存的需要。從小培養孩子良好的「風度」，他們會一生受用無窮。因此，在一些注重社交能力培養的西方國家，幼兒禮儀訓練一直是個重要的課程。

溫文爾雅的辭令 ── 「請」和「謝謝」

禮儀總要從禮貌用語開始，所以不論吃點心或玩玩具，只要孩子與別人接觸，就應利用機會盡可能教他們多用「請」和「謝謝」。如：「請給我湯匙。」孩子拿到後，如果忘了說「謝謝」，應提醒他：「別人幫助了你，該怎麼說？應說『謝謝』。」然後要孩子跟著重複，讓這些禮貌用語成為孩子們日常詞彙的重要部分。

規則意識 —— 分享、輪流、等候

兩歲的小雅一人抱著兩個小球玩，同歲的沙沙小手指著球，用眼神向小雅的媽媽求援：「我也想要。」小雅媽媽便對小雅說：「小雅與沙沙一起分享，一人一個球，好嗎？」媽媽特地使用「分享」這個詞，目的就是讓小雅明白它的含義：「我有，別人也應該有。」社交中另一個重要概念是「輪流」。對於兩三歲的幼兒，「輪流」的概念需要反覆練習才能逐步滲透到其意識中。如孩子玩旋轉木馬，因為人多不能一起上，只好分為兩批輪流玩。有的孩子玩了一次還不想離座，家長應該強調道：「你已經玩了一次，應該輪到其他小朋友了。」而如果別的孩子正在玩著，但有的孩子等不及，想立刻坐上去，家長就應該耐心地引導孩子明白等候的規則：「別的小朋友正在玩，你要玩，就站在旁邊等。等木馬停了，才輪到你。」

不影響他人，不打斷他人談話

「不影響他人」已經成為了社交界的「國際公約」，也是當今素養教育的一個重要體現。當孩子有「影響他人」的情況發生時，家長要告訴孩子：「別人正在工作，請輕輕的。」或者「我們在談話，請等一等，好嗎？」一次，張媽媽正和鄰居王阿姨說話，四歲的兒子濤濤走了過來：「媽媽，我的鞋帶鬆了。」張媽媽並沒有馬上幫他，而是說：「媽媽正在

談話。談完了，我會幫你。」過後，張媽媽告訴他，打斷別人的談話是不禮貌的。當然，緊急情況下是可以打斷的。

學會說「對不起」

這是三到五歲孩子禮儀學習的一個重點。小璐精心蓋起來的積木大樓被莽撞的淘淘碰倒了。「我不是故意的。」淘淘辯解道。但淘淘的媽媽堅持要他向小璐說「對不起」。媽媽提醒他：「上次，琳琳不小心把你的積木撞倒了，她也不是故意的，但你很難受，記得嗎？她說『對不起』後，你感覺就好多了，是不是？」淘淘媽媽採用「換位思考」的辦法，讓孩子體會他人的心情，站在對方的角度上思考，真是一個聰明的媽媽。

總之，文明社會，需要禮儀。在這個注重溝通的現代社會，培養孩子的禮儀習慣是至關重要的。良好的禮儀習慣是孩子一生受用無窮的。

用責任心贏得別人的信任

小強是家中的獨生子，在家是百般受寵，因此，什麼都不會做，什麼也都不肯做。

現在上小學了，小強還是什麼都不會做，連削鉛筆、整理書包這樣的事，都還由媽媽來替做。學校、班級裡的事

情，小強更是從來都不操心、不插手，老師、同學一問他的看法、想法、做法，小強總說「隨便」，「你們看著辦好了」，「關我什麼事」，總是一副滿不在乎、不負責任的態度，小強也因此被大家稱為「隨便公子」。

由於小強太沒有責任心，同學們都不喜歡和他在一起，因為大家從他那裡感覺不到安全感。漸漸地，小強和大家越來越疏遠了，他自己也感到孤單、無助。面對兒子的處境，媽媽也很為難，該怎樣幫兒子呢？

人不能沒有責任心。沒有責任心的人，不但在事業上不可能有成就，就是在通常的人際交流中也會令人所不齒。所謂責任心，就是對自己所負使命的忠誠和信守。責任心並不複雜，就是你知道自己該做什麼，同時也知道自己不該做什麼。當你在不知道自己該做什麼時，至少要做到知道自己不該做什麼，這是責任的底線。

責任是一個神聖的承諾，在它身上承載著一個不渝的使命，它能讓人戰勝膽怯，無數在戰場上冒著槍林彈雨前進的戰士都說明了這一點。他們只是因為信守了「軍人以服從為天職」的承諾，就變得如此勇敢。沒有責任心的軍人不是合格的軍人，沒有責任心的男人不是優秀的男人。

有一個給布朗太太割草打工的男孩有意打電話給她說：「您需不需要割草？」布朗太太回答說：「不需要了，我已有

了割草工。」男孩又說：「我會幫您拔掉草叢中的雜草。」
布朗太太回答：「我的割草工已經做了。」男孩進一步說：
「我會幫您把草與走道的四周割得很齊。」布朗太太說：「我
請的那人也已做了，謝謝你，我不需要新的割草工人。」男
孩便掛了電話。男孩的室友問他說：「你不是就在布朗太太
那割草打工嗎？為什麼還要打這個電話？」男孩說：「我只
是想知道我究竟做得好不好！」

當一個人具有了某些能力時，就要對相應的事情負責。
但兒童做事往往更多地重視行為過程本身，而不太重視行為
的結果。因此，要培養孩子的責任心，必須讓他們養成對自
己的行為結果負責的習慣。

首先，要約定責任內容，讓孩子明白該做什麼、怎樣
做，否則將會受到哪些懲罰。孩子做事往往是憑興趣的，要
讓孩子對某件事負責到底，必須清楚告訴他做事的要求，並
且與處罰聯想在一起。如把洗青菜的家事交給孩子，要是沒
做好，便不能吃所有的菜。這樣，孩子才知道一個人是要對
自己的行為負責的。

其次，讓孩子對自己的責任心引以為榮。有個十歲的小
女孩，她負責倒家中的垃圾已經五年了。在她五歲那年，她
突然對倒垃圾產生了興趣，一聽到垃圾車的音樂就提著垃圾
袋去倒。父母為了鼓勵她做家事的興趣，對她倒垃圾的事予

以稱讚，誇她很勤勞，還經常在外人面前稱讚她。這樣就激發了孩子主動倒垃圾的自豪感，慢慢地形成了習慣，把這項家事看成責任。

再者，讓孩子學會對自己的事情負責。有的家庭要求家人洗澡後把換下的衣服放進洗衣機，八歲的王剛經常忘記，媽媽讓他用本子記下洗澡後該做什麼事，提醒自己不要忘記。從此以後，王剛再也沒有忘記把髒衣服放進洗衣機，他為自己的進步感到自豪。可見，當要孩子記住做某事時，與其大人經常提醒，還不如讓孩子自己記下要做的事情，這樣孩子也慢慢地學會了對自己的行為負責。孩子只有學會了對自己的事情負責，才能逐步地發展為對家庭、對他人、對集體、對社會負責。

最後，讓孩子對自己某些行為造成的不良後果設法補救。如小孩損壞了別人的玩具，一定要讓孩子買了還給人家，也許對方會認為損壞的玩具沒多少錢，或認為小孩子損壞玩具是常有的事，或者不好意思收下孩子的賠償，但家長應堅持讓孩子給予對方補償，這樣可以讓孩子知道，誰造成不良後果，就該由誰負責。當然，父母在家中要為孩子樹立好的榜樣，「言必行，行必果」，這樣才能有威信要求孩子負責任，才能讓孩子有模仿對象。

總之，責任心並不是與生俱來的，它需要在長年累月的

生活中逐漸培養。無論在何時、何地，家長都要學會在點點滴滴的小事中培養孩子的責任心，讓孩子充當有意義的角色，使他們感到自己的行為對集體所產生的重要性，增強孩子的責任感。

勇於承擔責任，別人就會為你的態度所打動，對你產生信任。由於信任就會產生依靠，你在生活中就會一呼百應，無往不勝。信用越好，人緣就越好，機會就越多，成功的機率就越大。

教育孩子守信用

人際交流中，一項非常重要的品質是守信。一個不守信用的人，注定沒有好人緣。

一位母親對我說：「我兒子十一歲，馬上就要上國中了，課業成績很好，但暑假的這段時間很讓我頭痛。因為我要上班，沒大人在家，要他自己複習功課。每天的功課並不多，以他的速度一個小時就能全部做完，可每次我一回來他都說，媽媽我忘了做了。我還算是有耐心的媽媽，問清原因後（都是因為貪玩）督促他完成，然後嚴肅地告訴他我很不高興，不允許以後再出現這樣的事。可第二天他還是這樣。我想小孩子嘛，愛忘事很正常，於是每天上班的時候我都打個電話提醒一下，可還是不管用。反覆多次我都沒耐心了，真

想狠狠地教訓他一下。」

雖然這件事表面看起來是孩子的問題，不過經過與這位母親的多次交流，我發現問題的根源應在母親身上。這位母親是一個不夠守信的人。比如，我們約好了第二天早上九點見面，可是一直等到十點鐘，才接到她的電話，說今天有事來不了了。我當然很生氣，這樣的情況在我們的交流過程中並不是第一次發生，明明是約好的見面，她經常會遲到，有時甚至還會爽約。她自己對此卻並不以為然，只是大大咧咧地笑一下，說聲：「不好意思，遲到了。」然後就像沒兒一樣，該做什麼還做什麼。

有這樣一個不守信的媽媽，我們還有必要為有那樣一個不守信用的孩子而奇怪嗎！所以，身為父母，在教育孩子的過程中，首先就要守信，不輕易允諾給孩子什麼，但一旦答應了，就要努力兌現，免得給孩子造成這樣一種感覺：「哦，爸爸媽媽都這樣，我這樣做也沒什麼！」

父母作為孩子最直接、最貼近的老師，應該為孩子樹立良好的榜樣。要從自身做起，做一個誠實守信的人，用自己的言傳身教來影響孩子。

此外，父母對孩子的教養態度要正確。可以說很多時候孩子不守信，與大人的教養有關，就像案例中的這位媽媽，太計較孩子或是自己的損失，所以根本不顧及孩子失信於人

的負面效果，以及失信後孩子的感受，而強迫孩子勿失信於人。可以說孩子失信是由父母「培養」而成的。因此，若要想讓孩子做一個守信用的人，就要注意平常對孩子的教養態度，多考慮孩子的內心感受，為培養孩子講信、守信的良好道德品性作貢獻。

最後，還要注意提升孩子的認知。要知道孩子有時表現出的不守信用的現象，是由於孩子對事物認知不清，總把希望、幻想當成現實存在的，因此容易造成孩子做出不守信用的事。所以培養孩子面對現實，認清現實，減少對現實的誇大，這是減少一些不守信用現象發生的重要方法。

父母是孩子的引路人，培養孩子誠實守信的品德是很重要的，家長一定要注意這方面的教育工作，努力把孩子培養成一個誠實守信的人。

糾正撒謊的行為

軍軍是一個七歲的小男孩，剛進入一間寄宿學校上學。負責軍軍生活的老師對軍軍非常關心，對他照顧得無微不至。可是，沒想到的是，在軍軍上學一個月後，軍軍回家告訴媽媽：「老師對我太苛刻了。」媽媽很生氣，隨即找到學校，可是經過了解和調查，老師對軍軍其實是很慈愛的。媽媽知道誤會了老師，趕忙向老師道歉。

回到家，媽媽問軍軍為什麼要撒謊？軍軍則很不好意思地說：「我只是開個玩笑而已！」媽媽聽了，氣得直翻「白眼」！

孩子說謊幾乎從剛會說話時就開始了。孩子為什麼說謊，首先是由於孩子知道自己的行為不對，怕父母或其他人生氣，他們不知道撒謊也是不對的。

隨著年齡的增長，生活中導致兒童說謊的原因越來越多了，有的孩子是為了免受懲罰、得到自己想要的東西或讓同伴羨慕等，有的孩子說謊是為了保護隱私，還可能是善意的謊言等。

有的孩子試圖講真話，他們的謊言是由於極度的心理紊亂造成的。對這種現象的進一步研究顯示，這些兒童的謊言也可能起源於兒童的幻想，這類虛構可能本意是想為真實的東西加油添醋，可是卻越說越假，這種謊話並不是為了個人利益或為說謊而說謊。

有的孩子說謊可能是巧妙推理的產物，像案例中的軍軍說謊就是這樣的心理。他告訴母親生活老師對他不好，母親一定會去質問老師，無論他的動機是什麼，但他至少在說謊中運用了推理這個過程，生活中這種事例還有很多。

還有的孩子比較軟弱和退縮，當遭到困難時，出於一時的衝動而編造謊言。這是對成人侵略的防禦，但是這種防禦

第九章　重視孩子的道德品格教育

性反射而編造的謊言很容易讓人揭穿，孩子還會因編造這種謊而受到指責。

無論哪種說謊，我們都不能讓其發展成習慣，如果是習慣性的說謊，對關係重大的事情也不說實話，那麼就成問題了。

說謊會衍生出很多的壞毛病，所以及早及時地預防、糾正孩子說謊是很有必要的，下面是給家長們的幾點建議：

首先，要及早發現，及時教育。有的孩子在最初說謊時沒有什麼動機，只是在比較緊張的情況下，怕被罵才說謊，如果家長沒有識破，孩子會很得意，以後會接著說謊；但是如果家長識破了孩子的謊言，並對孩子進行教育，那麼孩子也就不敢再輕易說謊了。所以及早發現孩子說謊，及時對其進行教育，是很有必要的。

其次，要尊重孩子，營造民主的家庭氛圍。給孩子足夠的安全感，這樣孩子才不至於因擔心做錯事挨罵，講了真話喪失自己的價值而說謊。

再次，應注重孩子誠實品行的培養。在日常生活中，我們要善於用一些方法來培養孩子的誠實品德，比如可以給孩子講一些誠實的故事，這對孩子有很強的感染力。平常要關心孩子，如果發現孩子說的話可能是假的，就要認真調查清楚，然後揭穿它，藉以告訴孩子，錯誤是可以原諒的，但是

說謊，是任何時候都不會被原諒的。並且應適當地讓孩子受點小懲罰，讓他真正記住 —— 說謊是可恥的，要堅絕不說謊！

最後，要提升孩子各方面的能力。要知道有些孩子做錯事、撒謊跟他個人的某方面能力有關，比如孩子撒謊的內容常常與考試和寫功課有關，因為孩子的成績不好和功課存在問題，所以撒謊。同樣的，如果他的成績進步了，當然也就沒有必要說謊了。所以培養孩子良好的學習能力可以有效避免孩子說謊。同樣，培養孩子其他方面的能力，也可有效地減少孩子說謊的可能。

另外，要特別重視撒謊屢犯的孩子。如果孩子經常說謊，大人就要高度重視了，父母要認真分析孩子說謊的原因，應及時揭穿，讓孩子知道謊話騙不了父母。否則孩子就會覺得父母是「好騙的」、「可欺的」，繼而膽子越來越大，謊話越說越多。

總之，撒謊永遠是不對的（當然除了善意的謊言），教養一個天生誠實的孩子是很重要的，這樣的孩子在面對自己的錯誤時，才能勇敢面對，不輕言放棄，也不會欺騙別人，更不會走入極端。而一個正直誠實的人更容易得到別人的友誼和認可，對孩子的健康發展也是有利的。

讓孩子擁有一顆感恩的心

一個有感恩之心的人，看待問題不會偏激，想事情不會光顧自己。這樣的人，優雅而又成熟。生命之河因感恩而不再乾涸，感恩讓生命不再荒蕪。

感恩是一種心態。常懷感恩的人，才能以積極的心態處事；常懷感恩的人，才能不怨天尤人；常懷感恩的人，才能坦然面對一切。許多人面對人生的一點不順，便開始抱怨：抱怨上帝不公，抱怨人情淡薄、人性黑暗，抱怨命運多舛、時運不濟。其實，不論身處何種境地，只要常懷感恩之心，便會感覺到身邊的溫暖，在你的身邊，還有許多人在默默地支持你、祝福你。擁有感恩之心的人，必將擁有肯定自我、超越自我的力量。失敗時，感恩的力量助你前行；成功時，感恩的力量讓你不驕不躁。

感恩意識是靠父母從小培養的。正確的做法應該是：在孩子剛剛懂事時，就要教會他對別人表達謝意。不管是誰為你做了什麼，都要說聲謝謝，家裡的親人也不例外。

美國孩子十歲的湯姆由媽媽陪伴著做作業到深夜。第二天，媽媽在桌上發現一張紙條：「媽媽，真誠地感謝你教我寫作業，並陪我到深夜。和媽媽在一起的時候，是我最幸福的時候。」

十五歲的納森由於去看病，延誤了上學的時間，爸爸開

車送他到學校。納森在離上課還有兩分鐘、時間緊迫的情況下，還不忘感謝爸爸：「謝謝爸爸！要不是您送我，今天非遲到不可！」

五歲的約翰拿到爸爸給他買的小皮球，在說聲謝謝的同時，沒有忘記給爸爸一個擁抱和一個吻。

這就是最基本的感恩。不管是什麼人，在接受了別人的服務、得到了別人的幫助後，哪怕已經付了酬金，也還應真誠地報以微笑，並說聲謝謝。一個人處在這種輕鬆愉快和相互謙讓的和諧氛圍中，胸中就會感到暖意油然而生，人間就會多一分理解和溫馨。

我們首先要對父母感恩，是父母給了我們生命，把我們帶到了這個美好的世界，又給我們創造了生存必需的條件。這個恩我們今生今世能報答得了嗎？烏鴉尚有反哺之情，何況我們人類？

還要對朋友及同學感恩，是他們給了你珍貴的友誼和無盡的歡樂，這種友誼是最值得永久珍藏的。

更要對老師感恩，是老師無私地教給了你豐富的知識和怎樣寫好一個「人」字。

也應該感謝你的敵人和競爭對手，是他們讓你時刻保持清醒的頭腦，讓你心中時刻裝著憂患意識，給了你競爭的強大動力 —— 正是他們使你變得更加優秀！

還要真誠地對這個社會感恩，感謝社會的安定，感謝自己生長在政治安定、經濟繁榮的好時代。

　　還要對大自然的福澤感恩，是大自然的一山一水、一草一木、一魚一蟲，給你的生活增添了諸多樂趣。

　　更要對逆境、挫折和磨難感恩。正是這些「不利因素」促使你奮發有為，使你變得機智、勇敢、豁達、大度，使你的人生跌宕多姿。

　　有了感恩之心，人與人、人與自然、人與社會就會更加和諧、融洽、親密，我們自身也會因為這種感恩心理而變得愉快和健康起來。因此，把感恩之心比作生命的營養素，那是再恰當不過了。有越來越多的孩子過著飯來張口、衣來伸手的日子，他們無法得知這些伸手可得的事物，是如何透過艱辛的勞動而得來的。

　　父母對子女的愛是無私的，是不求回報的，然而「施恩不圖報」是施恩者的美德，「知恩圖報」是受恩者的良知。知恩圖報是對孩子最起碼的要求，要讓孩子在心裡保有一份愛。

　　愛孩子，就應該在你忙的時候，讓孩子幫你做些家事；在你累的時候，讓孩子為你捶捶背；在適當的時候，讓孩子做些力所能及的事。讓孩子從平常的生活小事中感受到你對他的愛，也因此而愛你，在愛中領略被愛。孩子漸漸長大，在遇到困難和挫折時，才會懷有一顆感恩的心。

年幼的孩子雖然不能給予父母、兄長、老師、長輩們物質的幫助，卻可以用自己的良好表現回報這些人，使這些人得到內心的寬慰。

教孩子做一個博愛的人

某天，國王召喚一名男子去皇宮。

國王的召見使這位男子非常惶恐，他猜自己是否做了什麼違法之事。他不敢獨自前往皇宮，於是決定邀請他的三位好友同行。

他的好友中一位是他的莫逆之交，對他最為器重。第二位朋友，他雖然也喜歡，但關係比不上第一位朋友。至於第三位朋友，關係比前兩位疏遠多了。

當然，他首先到了他自以為最密切的朋友家，結果遭到了這位朋友的斷然拒絕。接著，他又去了第二位朋友家，回答是：「我可以把你送到皇宮門口，但不陪你進去。」最後，他懷著一絲希望去了第三位朋友家，沒想到第三位朋友欣然答應陪他一同前往皇宮。

為什麼三位朋友的態度截然不同呢？而且在關鍵時刻，平常最要好的朋友卻對他不理不睬呢？

《塔木德》認為，第一位朋友是「金錢」，凡人儘管貪財，但卻生不帶來，死不帶去。

第二位朋友是「親朋」，只能將他送到墳場，然後便棄之不顧。

第三位朋友是「善行」，雖然平常關係不太密切，但會在他死後陪伴他永眠九泉之下。

《塔木德》上記載了這樣一個故事：

在古代的迦南，有一個很富裕的大戶人家，其主人被周圍鄰居譽為當地最慈善的農夫。每年，拉比都會到他家訪問，而每次他都毫不吝嗇地捐獻財物。

這個農戶有大片的農田。可是有一年，由於風暴和瘟疫的襲擊，所有農田和果園都遭到了嚴重破壞，牲畜都死光了。此時債主卻蜂擁而至，他們幾乎分光了他所有的土地，最後只剩下很小的一塊。

家人都憂慮重重，私下埋怨他過去捐獻太多，以至於沒有多少積蓄。但他卻泰然處之，絲毫沒有怨天尤人之意。他說：「既然是神賦予的東西，神又奪了回去，還有什麼可說的呢？」

年終，拉比們又像往年一樣來到農夫家，見他家道敗落，拉比們都對他表達同情之意，也無意再請他捐獻。農夫的太太說：「我們時常捐款建學校，維持教堂正常進行活動，今年拿不出錢，實在抱歉。」

後來，夫婦倆覺得讓拉比們空跑一趟，於心不安，便決

定把剩餘的那塊土地賣掉一半，捐獻給拉比。拉比們非常驚訝，自然感激不盡。

有一天，農夫在剩下的那塊土地上犁地，健壯的耕牛竟然滑倒了。他手忙腳亂地扶起耕牛時，卻在牛蹄子下發現了寶物。他把寶物賣掉後，又過上了先前的富裕生活。

次年，拉比們又來到這裡，他們不想再去農夫的家，以為農夫還和原來一樣窮。可附近的人興高采烈地告訴他們：「農夫已搬入新居了，前面那所高大的房子，才是他的家。」

拉比們走進大房子，農夫高興地向他們說明近一年發生的事，最後農夫總結說：「只要樂於行善，它必定會有善報，這就是捐獻的回饋。」

一位拉比說，他常在募捐時向人講述這個故事，「每一次我都會獲得成功」。

在美國和歐洲各地，猶太社區會舉辦社區服務活動，大多數孩子會定期參加這些類似幫助弱者的活動。這些活動使孩子們對幫助他人有了親身體驗，也就懂得了活動的真正含義，因而養成了助人、博愛的好習慣。

父母和孩子一起參加有組織的社區服務活動，定期幫助他人，不僅能培養孩子關心他人的品行，增加孩子的親和力，也能教會他們許多社會技能，使他們懂得合作的重要性以及鍥而不捨、持之以恆的價值。

其實在生活中，父母可以透過一些小事來培養孩子的愛心：做飯時讓孩子在廚房幫忙；參加拯救瀕危動物組織；幫助鄰居打掃衛生；給老年人讀報；和生病的小朋友一起玩耍。

自私自利會變成孤家寡人

一個人活在世上，總會與他人建立千絲萬縷的關係，沒有哪個人能夠離開他人而生活。所以，每個社會成員都不能總想到自己，總為自己的利益行事。況且，利他的行為往往也會給自己帶來利益。

一個具有利他精神的人，把幫助別人作為自己應該做的事，不會在幫助別人後有吃虧的感覺，總是處於平和的心理狀態，這很利於個體的身心健康，這就是所謂「吃虧是福」的道理。

那種自私自利，總為自己著想的人，不僅不願意幫助別人，也吃不得一點虧，吃點虧心裡就很不痛快，情緒會很惡劣，經常處於極度不平衡的狀態之中，不僅感受不到生活的美好，還會使自己身心受到傷害，這就是只利己也必禍己的道理。所以，從利於身心健康的角度來說，利他是真有身心保健功能的行為。

喜歡做好事幫助別人的人，也會有很好的人緣，當他面臨困難需要別人幫助的時候，別人也會樂於幫助他，所以，

利他行為既幫助了別人也有利於自己。

　　一個和諧美好的社會，就是我為人人、人人為我的社會。利他是既為人又為己的行為，是個體生存和參與社會生活必不可少的品質，當然也是父母應該重視的對孩子培養的品行。

　　上小學三年級的嘉明在家裡非常任性，家裡好吃的東西要他先吃，他喜歡吃的東西任何人不能碰。他在學校和同學相處得也不好，常為一些小事與同學互不相讓，鬧得彼此都不愉快。

　　孩子自私自利，往往表現在只顧自己，不管他人，一切以自我為中心，有所謂「各人自掃門前雪，莫管他人瓦上霜」的個性特質。或者在金錢和財物上吝嗇貪婪，自己的東西不願與人分享，而別人的東西卻拿得越多越好。

　　這樣的孩子常常令人生厭，不易與人相處，因此也很難交到知心朋友。過分自私自利的孩子，還會在父母忙事情的時候，因為自己被冷落而對父母發火，使父母傷心流淚。這樣的事件在現實生活中經常發生。

　　現在的孩子幾乎是全家人的中心。尤其在飯桌上，孩子總是把自己喜歡的菜擺在眼前，甚至在親戚家吃飯，也不顧他人感受，為所欲為。劉媽媽的兒子小的時候也是這樣。劉媽媽深知這樣發展下去，會養成很不好的習慣。孩子只顧自己，對別人漠不關心，會成為一個讓人討厭的人。

第九章　重視孩子的道德品格教育

於是劉媽媽下決心改變他。一開始她採用「武力」的措施，孩子一這樣做，她就喝斥兒子、制止兒子，但效果不大。後來劉媽媽透過講故事，潛移默化地感染兒子。劉媽媽一遍又一遍地講〈孔融讓梨〉的故事，讓兒子明白先人後己；用兒子喜歡的小動物編了許多關愛別人的小故事講給兒子聽。漸漸地，兒子有所改變了。每當兒子吃零食時，就會讓給家中其他人吃。但是，劉媽媽並沒有停止對兒子的行為教育。在飯桌上，劉媽媽先夾菜給兒子吃，然後一定要讓兒子對她說「謝謝」，媽媽再對兒子說「不用謝」。孩子的模仿能力很強，很快兒子就學著給媽媽夾菜，同樣，媽媽也會跟兒子說聲「謝謝」。就這樣，兒子逐漸養成了關心別人的好習慣。

一個冷漠、自私、沒有愛心的人，在成人以後，常常會游離在社會之外，成為一個孤獨、沒有人愛護、不受歡迎的人。只有讓孩子擁有一顆愛人的心，他們長大以後才會成為一個有責任感、受人尊重的人。

產生自私自利的原因，一方面是因孩子有天生的利己傾向，另一方面是因父母在孩子成長過程中的錯誤教育所造成的。自私的孩子，其行為對誰都有弊無利，父母應予以重視，及早預防。

要想改正孩子自私自利的觀念，家長就要從多方面，針對不同的情況採取有效的措施。

第一，任何時候不要把孩子的自私自利作為天大的錯誤過分緊張。很多父母都從自己的面子出發，覺得自私和不夠大方的孩子丟自己的臉。這種想法最要不得，孩子是為被愛的，不是為了帶出門有面子的。父母的心態很重要，要循序漸進，因勢利導。

第二，有了心態上的正確認知，下一步就是幫助孩子建立安全感。在物質富裕的今天，這點不難辦到。因為自私的前提是匱乏，所以你給了他滿足，他在獲得安全感後，自私的想法就會淡化。比如如果他只有一顆糖果，他當然不會喜歡把它分給別人。但是如果他有很多的糖果，他就會留出自己的部分，樂意讓別人去分享剩下的部分，當他體驗到分享的快樂時，逐步減少他自己的分量甚至完全共享是完全可以做到的。張媽媽經常在放學接兒子的時候，給兒子帶很多小零食，要他分給小朋友們。開始兒子不肯，媽媽告訴他家裡還有很多很多，他才放心了。看到朋友們拿到東西的喜悅，孩子慢慢開始變得大方了，主動分享給每位朋友。

第三，還需要父母身先士卒。這已經是老生常談了，但是確實必要。雖然孩子和大人不同，但是其實孩子除了沒有世俗的考慮和觀點外，在心理方面和大人有很多共通之處，父母若經常處於孩子角度去想，將心比心，就會體諒孩子的用心。如果父母在生活中可以上行下效，做好榜樣，孩子會

看在眼中，記在心裡，表現在行為上。當然，在適當的時候父母要給予及時的引導。

第四，讓孩子多結識大方的同齡朋友。大人有大人的世界，孩子有孩子的世界。與其說大人的榜樣是很重要的，那麼同儕的帶領就會更加實在。孩子會下意識地向同儕學習和比較。如果幼兒園裡大都是大方不計較的好孩子，那麼自己的孩子也不會太差！環境是很重要的因素。

第五，家長最好能夠手把手教孩子分享。人是群居動物，需要別人的肯定和關心，但是得到的前提是付出。快樂與人分享會變成雙份的快樂，痛苦與人分享會減半。學會分享是人生最大的樂趣。也許有人會說，分享也用教？不就是把東西給人家嗎？不是的，除了簡單的本能反應，孩子是一張白紙，都需要學習。大人送禮有時也會尷尬吧？有時孩子想不自私，可是不懂得如何表現。父母要關心孩子的想法，帶領他走入分享的前幾次。比如教師節快到了，孩子想送卡片給老師卻不敢。父母可以帶著他一起送給老師，和老師交流。老師會讚揚孩子，孩子在給予的過程中得到快樂，就會有分享的經驗。以此類推，慢慢教育，讓他慢慢學習。

孩子喜歡罵人怎麼辦

幾天前，五歲的男孩小輝和同齡的小磊在一起玩耍時，小磊搬著小椅子不小心碰到了小輝。小磊並沒有在意，繼續在玩耍。這時，小輝衝上來對小磊破口大罵。正在不遠處和別人聊天的小輝的媽媽徐女士看到後，馬上過來制止小輝，小輝氣呼呼地說：「誰讓他碰我了，他碰我，我要罵他！」徐女士很生氣，不由分說就打了兒子一巴掌，這下好了，小輝鬧個不停了。對兒子這樣的罵人行為，徐女士不知如何糾正，感到很苦惱。

在成長的過程中，幾乎所有的孩子都罵過人。孩子罵人的情形大約有以下幾種：隨口而出，不假思索；怒不可遏，發洩不滿；覺得好玩，有口無心。有些父母認為孩子偶爾罵幾句、並不要緊，因此並不在意。而另外一些父母卻把孩子罵人視為洪水猛獸，嚴厲懲罰孩子。教育孩子應該講求藝術，這兩種做法都有過猶不及之嫌。放任自流肯定不可取，過於嚴厲也行不通。

罵人當然是文雅的行為，是缺乏教養的表現，它直接影響到人與人之間的交流。輕者有傷和氣，重者引發他人怨恨和報復。生活中許多人際衝突往往就是從互罵開始的。所以，當發現孩子有罵人行為時，一定要趁機教育，否則時間長了，孩子容易養成罵人的壞習慣。那麼，父母怎樣才能糾

第九章　重視孩子的道德品格教育

正孩子罵人的行為呢？

首先，大人要淨化孩子的髒話源。除了學校裡的老師和同學，孩子接觸最多的人就是家人。因此，父母應該以身作則，嚴禁在孩子面前說髒話。同時，不要讓孩子和那些愛說髒話的孩子混在一起。

其次，及時糾正孩子說髒話的惡習。如果孩子偶爾說出髒話，或是罵人了，不要小題大做，但是事後要給予提醒。有時孩子們並不知道他們罵人是錯誤的，這就需要大人教會他們什麼是社會所能接受的行為以及為什麼。如果孩子不能理解這些，大人可以把罵人的後果告訴孩子。如果孩子仍然不聽，給他一些小小的懲罰，如寫檢查、限制他的行動等也可以。

另外，要教會孩子遇事先息怒。因為很多時候，罵人是因為憤怒引起的，所以培養孩子「息怒」，這是很重要的。一旦怒氣上來了，最好把它控制在意識能左右的範圍，可以用語言做自我暗示，默念：「息怒，不要發火，保持冷靜和鎮定。」，也可以做一些動作。自制是修養的標誌，是駕馭自己情感的首要條件和必要前提。

並且，還要告訴或培養孩子尊重別人，因為有了尊重別人的心理，孩子自然會避免罵人的言行。

總之，糾正孩子說髒話，要從本質上改變，要讓孩子真真切切地明白說髒話是一種惡習，繼而改之！

第十章

鬆開緊握的手，讓孩子獨立行走

第十章 鬆開緊握的手，讓孩子獨立行走

　　父母不能一輩子牽著孩子的手，這或許是一種遺憾。終有一天，我們將老去，無力幫助孩子打理任何。那時候，你希望你的孩子依靠誰？

　　——朋友，唯有朋友，才是人生永不枯竭的依靠！

　　讓你的孩子早日獨立吧。鬆開你緊握的雙手，讓孩子走出家門，結交屬於他的朋友。

　　讓你的孩子早日擺脫對家長的依賴心理，獨立解決問題、獨立承擔責任……擁有一份屬於他個人的能力以及個性魅力。這樣的人，是社會所歡迎的人，朋友易接納的人。

鍛鍊孩子獨立的能力

　　親朋好友一起外出郊遊。四歲的小麗很開心地坐在媽媽腿上，而其他孩子在一起開心地玩著。對小麗來說，很多人都是陌生的，其他孩子也沒有注意到小麗的舉動。一個和藹的母親主動過來邀請小麗和她自己的孩子一起玩，可小麗則緊緊地牽著媽媽的手……

　　小麗的表姐小蘭則充分享受了這兩個小時的郊遊時光。她結識了很多新朋友，和他們一起玩，一起編新遊戲。無論小蘭是否能再遇到這些孩子，她都實踐了一些將來會對她有所幫助的生活技能。而小麗卻只是和媽媽在一起看著別的孩子玩，直到她實在厭煩了，才加入遊戲。但是時間已過去了

很多，所以她玩得很少，幾乎完全失去被看作領導者的機會。在生活這場遊戲中，小麗損失了很多。

　　或許這世界上的小麗們要比小蘭們的個性內向一些。沒有父母會對孩子纏人是個壞習慣抱有異議，可孩子的羞怯卻很少被這樣認為。因為很久以來，當人們聽到有誰羞怯時就會說：「是啊，他就是這樣的呀。」當孩子因羞怯而離群索居、寡言少語時，並不對周圍的人構成傷害、破壞，也很少令父母們為此而焦慮。但從心理學的角度來看，她是正在嚴重地虐待自己。父母的漠視、容忍和對此的縱容，致使失去了幫助孩子們的機會。鼓勵羞怯的孩子在碰到新人或新環境時克服焦慮的情緒，大有裨益。幫助羞怯的孩子進行社會交流，與教好鬥的孩子學會考慮別人同樣重要。

　　纏人是大部分孩子都會經歷的一個正常階段，時間或長或短，因人而異。它源自個性的形成。在這個過程中，父母要培養孩子的獨立意識。沒有獨立意識，孩子就很難樹立起自信心，沒有自信心，自然什麼事情也辦不成，以至於將來也很難取得成功。

　　有這樣一個故事：在長城遊覽入口處，一位外國婦女帶著三個孩子來游長城，這三個孩子中有兩個跟著母親走，還有一個大約兩歲躺在嬰兒車上睡著了。母親要去買票，於是她用不太流利的中文對驗票員說是否可以把孩子放在那，得

到許可後，轉身就去買票。過了一段時間，母親還沒有回來，睡在車上的孩子醒了，他看見母親不在，並沒有哭，也沒有害怕，而是把蓋在身上的東西拿開，在旁邊人的幫助下，從嬰兒車裡下來，還與另外兩個孩子玩了起來，絲毫沒有對母親的依賴。

這樣的情形在華人父母看來，是多麼的不可思議。這位外國婦女沒有對孩子過分的擔心、過分的保護，所以在遇到這種情況的時候，孩子也會自己獨立對待，而不是驚慌失措，大哭大鬧。

有一位華人學者曾去美國訪問，深切感受到美國父母非常注重培養孩子的獨立生活能力和動手能力。

有一天，他的鄰居過來興奮地告訴他，她兩歲的兒子卡瑞會用剪刀了，還會塗膠水了。這位學者過去一看，發現床單被剪了好幾個洞，膠水也被塗得到處都是，但是這位母親並沒有心疼，也沒有因此責怪孩子，而是稱讚孩子敢於獨立嘗試的勇氣，然後再告訴孩子怎樣合理地使用剪刀和膠水。

在美國，兩歲的小孩已經會自己洗澡了，母親幫他把水溫好，把衣服脫掉，孩子會自己爬到澡盆裡，玩了一下，就自己往身上抹肥皂，問他用不用幫忙，他會認真地搖搖頭，說「不用」。抹完肥皂，又用毛巾擦，最後用水沖乾淨，爬出了澡盆。

　　一個只有兩歲的孩子竟然如此熟練而迅速地洗完澡，是緣於父母從孩子很小的時候就有意識地培養孩子獨立生活的能力。雖然孩子現在還弱小，但是總有一天要離開父母，獨立地在社會上闖蕩、生活，所以獨立性這種將來的立身之本需要從小培養。美國父母對孩子的關懷也是無微不至的，這可以從他們為孩子設計的各種精巧的玩具中呈現，但他們絕不代替孩子做他們自己可以做的事情。通常美國孩子大約一歲半就自己吃飯，一把專用的高背靠椅，一個大餐巾，孩子想吃多少就吃多少，吃少了就說明孩子不餓，大人不用再管，更不用追著餵。

　　與這相比較，許多華人父母對孩子則是過分的保護、過分的干涉。在中小學校的校門口總可以看到一群群父母等在校門口接孩子放學。即使到了大學，也有很多父母不顧路途遙遠來學校送孩子，每到大學新生開學的時候，大學校園裡都會人數突增，其中就有不少是送新生開學的家長。這種父母教育出來的孩子往往生活自理能力很差，衣服洗不乾淨，不知道如何收拾床鋪。在課業和生活中遇到不順心的事或者遇到困難的時候，自己就會不知所措，不會自己想辦法解決，而是向父母求援或是自嘆自憐。

　　有人認為美國的父母很自私。他們會自己去看電影，而把剛出生不久的孩子丟給保姆；自己睡著二人世界的房間，而把

孩子獨自一人留在自己的小房間……美國人是不是不愛孩子？

而華人父母對孩子用一百分的愛，來證明自己是多麼的稱職。正是這種愛，扼殺了孩子的獨立性，阻礙了孩子的自信心及孩子將來的成功。

美國的父母非常重視孩子自信心的樹立。他們在孩子剛剛出生時，就開始培養孩子的獨立性，讓他們與父母分床、分室而居，有的家庭在嬰兒房裡安裝了監視器，孩子的一舉一動父母可以看到，父母如果在廚房，帶著便捷的監視器仍然能看到孩子，因此孩子是不會出現意外的，況且嬰兒房的設施很健全，此時，孩子的獨立性已經開始了，而這些是父母為沒有選擇能力的孩子做的最初決定。

在美國，十幾歲的孩子獨立承擔大人的一些事情是常有的事，他們可以獨立開車，獨立當裁判，獨立做一些事情賺錢，這些都是父母從小培養獨立性的體現。因此，培養孩子的獨立性不可忽視。

當然再有特色的教育也是有利有弊的，如果把別人有益於孩子健康發展的東西拿來，再結合我們的文化來應用，相信會有更出色的效果。

曾有專家做過一項自然基本課題，在經父母同意之後，到家裡對孩子和父母的交流活動進行錄影觀察。

其中，專家帶去一套拼圖玩具，要求孩子用所給的圖形

拼出他們要求的圖案。這個任務對孩子來說，有一定難度。不同家長的表現也有很大差異。有的家長在旁邊觀看，要求孩子獨立完成，只有在孩子實在有困難的時候，才給予引導性的幫助；而有的家長在實驗員給出任務之後，就在旁邊提醒，當孩子一遇到困難，馬上就代替孩子拼，以至於有的孩子乾脆自己不動腦筋，完全讓父母替自己拼。

當然這只是一項追蹤研究，這些孩子才剛剛上小學，還沒有對這些孩子以後的發展情況進行研究考察，所以也無法得出很確定的因果關係的結論，但是在這項調查中可以看到，這種過於干涉、訓導孩子的方式會使孩子產生自卑感或自我懷疑，並喪失自我探索的進取精神，變得被動，而引導式的教育使孩子既得到所需的知識，又增強了自信心，有健康的求知心理。

孩子剛出生時，由於其生理發展特別是大腦的結構和功能還不成熟，因而是一個無知無能的依賴性極強的個體。隨著生理結構和功能的不斷完善和成熟，兒童的應付和處理事情的能力也不斷增強。從兩三歲開始，兒童的獨立意識開始萌芽，這時候孩子經常會說「我自己做」。比如，父母正在包水餃，孩子說，我也想包，這時候家長可能會認為孩子小做不好，於是嫌麻煩不讓孩子動手，這樣對孩子要求獨立的積極性是一種挫傷。

第十章　鬆開緊握的手，讓孩子獨立行走

　　到了青春期，青少年的生理和心理的成熟度又達到一個新的高度，他們的自我意識開始萌芽，也就是開始注意自己、評價自己。同時由於身體的發育和能力的增強，他們開始形成「成人感」和「獨立感」。這個時候，他們開始從以前對父母的心理上的依賴過渡到開始反抗成人的過多保護，所以在心理學上又把這個時期稱為「心理斷乳期」。這個時期的青少年經常體驗到各種矛盾衝突，比如一方面想成為一個獨立的人，但另一方面由於自己各種能力的不足與不完善，不得不在某種程度上依賴父母。這一時期的具體表現是不願與父母同行外出，許多事情不願與父母商量，常常為小事與家長頂撞爭執，不再把父母和老師當作絕對的權威，開始尋求夥伴朋友關係，擴大社會交流等。這些都是正常的心理特徵，它是以自我意識為中心的個體化心理發展的標誌，有助於青少年自我意識、獨立人格的發展和完善，更好地適應人際關係和社會生活。心理斷乳不是突變的過程，而是青少年對父母的關係從依賴到獨立的較長的變化過程。由於這一時期青少年心理的逆反性和矛盾性，很容易出現問題，應對他們進行教育，充分了解這時期青少年的心理特點，尊重他們的獨立需要，還要給予積極的引導。

從分床睡覺開始讓孩子獨立

要孩子獨立，須先從分床睡覺開始。一個七八歲的小孩還夜夜黏著父母睡，我們很難相信他（她）能在其他方面獨立起來。不過，要把一直和自己一起睡覺的孩子「趕」走，也不是一件容易的事情。

我兒子快上小學了，這些年一直都是我陪著他睡覺，他很黏我，獨立性很差。我想讓他獨自一個人睡，所以替他安排了自己的小房間，可是每次都是說好了自己睡，但卻做不到，而且晚上總是不停地又哭又喊，害得我也休息不好，我都不知怎麼辦了。有哪位有經驗的朋友給點主意，怎麼才可以讓他能獨自一個人睡呢？

在網路上，經常會看到類似的求助文章。如何才能與孩子分床睡覺，是很多父母都關心的問題。專家表示，父母和孩子分床睡，是一次「斷奶」的過程，甚至要比斷奶還難，因為這次斷奶更多的是心靈上的「斷奶」。儘管過程艱難且令人揪心，但父母們還是要學會培養孩子獨立睡眠的習慣。

青少年研究中心的專家說，在孩子幼兒時期，有些父母為了能在夜晚更好地照顧孩子而和孩子同床而眠。可是，當孩子漸漸長大以後，父母們發現想與孩子分床睡覺已經成了一件讓人苦惱的事情：孩子不願意離開父母的房間，父母也不放心讓孩子獨自睡覺。

第十章　鬆開緊握的手，讓孩子獨立行走

專家表示，讓孩子獨立睡眠有很多好處，既給孩子獨立的機會，又有益孩子身體健康，同時增加夫妻感情交流的機會。讓孩子養成獨立睡覺的習慣，家長不妨試試以下方法：

- **布置一個孩子喜歡的環境**：父母可以發揮孩子的主動性和想像力，和孩子一起布置他的小房間或者小床鋪，父母要盡可能地滿足孩子的願望。這樣，孩子會感到他長大了，有了自己的一片小天地，自己可以說了算。這首先是從心理上滿足了孩子獨立的需要，同時又為孩子創造了單獨睡眠的環境。

- **讓孩子保持愉快心情去睡眠**：父母與孩子分床睡時，要給孩子創造好心情，尤其在晚上入睡前，可以給孩子講講笑話或故事，讓他心情放鬆。也可以和孩子一起聽聽輕柔舒緩的音樂，但不要講鬼怪故事或者聽節奏過快的音樂。

- **替孩子找個替代物**：這時如果孩子需要，可以給他找一個替代物。例如，讓他抱著媽媽的枕頭睡覺，或者抱著自己喜歡的娃娃睡覺等。時間長了，孩子適應了一個人獨睡時，父母可撤掉替代物，但切不可操之過急。

- **打開房門，保持空間交流**：孩子開始獨睡時，打開他房間的門，父母也打開自己房間的門，讓兩個小空間連接起來。這樣，孩子會感到還是和父母在一個房間裡睡覺，只不過不是在一張床上。

授予孩子一定的家庭權力

　　孩子的獨立性往往表現在他個人生活權利的行使上，但由於現實生活中家長擔心孩子不具備行使權利的能力，總是不敢把權力交給孩子，長此以往，孩子也就學不會獨立，對大人越來越有依賴性了。為了讓孩子早日走出這種家教迷思，早日學會獨立，當家長的有必要授予孩子一定的家庭權力，讓孩子自己學會承擔責任。

　　首先，要授予孩子一定的經濟支配權，培養孩子的理財能力。理財能力是一個人獨立生活能力的基礎之一，而讓孩子擁有個人經濟支配權，則是培養孩子理財能力的前提。對於只會消費的孩子來說，他的經濟支配權無非是擁有家長贈與的一定金額的零用錢。當家長意識到這一點，並且隨孩子年齡的增長和能力的提升，替孩子安排一個合理的零用錢數目，並把支配權交給孩子，向孩子說明結餘的錢歸他自己。這樣，不但能發展孩子的自主性，而且能使孩子的經濟意識和理財能力得到提升。

　　其次，要授予孩子一定的選擇權，培養孩子的自主能力和責任心。孩子的自主性往往表現在他對事物的選擇上，只是由於家長怕孩子選擇錯了，總是不敢把選擇的權利交給孩子。可是如果從來不給孩子選擇的權利，他也就永遠學不會選擇，永遠沒有自主性，更談不上有責任心，因為這不是他

經過深思熟慮選擇的。因此，家長應學會把事物的選擇權交給孩子，並且在事前為孩子提供相關情況，幫孩子分析各種可能。教育孩子自己選擇了，就要負責任。這樣，孩子的自主能力和責任心就同時得到了培養。如有一位家長想讓孩子學鋼琴，當她把孩子帶到才藝教室報名時，竟然發現孩子在舞蹈教室門口看得出了神，於是，這位家長尊重孩子的選擇，並要求她對自己的選擇負責，要堅持把舞蹈學好，結果這個孩子真的堅持認真學習舞蹈。

　　第三，要授予孩子一定的家庭發言權，培養孩子參與合作的語言思維能力和交際能力。參與合作是如今社會發展對人們提出的要求，一個缺少參與合作精神和能力的孩子，他未來的發展一定不理想。因此，培養孩子參與合作的能力就顯得極為重要。如家長授予孩子一定的家庭發言權，允許孩子參與大人的談話，參與決定家庭計劃。我們不要認為小孩子不懂事，殊不知，孩子將來參與社會合作的語言思維能力和交際能力都是在家庭這個搖籃裡從小得到有效的訓練才培養出來的。

　　總之，孩子雖由父母所生，但終究是獨立的個體，父母對孩子的教育，最後也無非是為了讓孩子不再需要父母的教育。因此，我們在管教孩子時必須學會勇敢地放手，大膽地讓孩子自己往前走。但家長也不能事事都不管，要拿捏好分

寸。比如，孩子的書包亂了，我們不要急於去幫忙，只要在邊上提醒孩子自己去整理書包就行了，若孩子不整理，也可隨他。因為父母對孩子偶爾的隨意，也許像西方父母那樣更能提升孩子自我管理的意識，調動其積極性，從而提升孩子自我管理的獨立生活能力。正如一些家長在教育孩子的過程中總結經驗所說的：「叨嘮指責，不如給孩子提供鍛鍊的機會。」「讓孩子親自做一次，勝似父母指導十次。」

家長們，讓我們從孩子幼兒時期起就注重培養他們的獨立生活能力，允許孩子獨立翱翔浩瀚的天宇，尋找屬於他們自己的那份美麗的天空吧。

讓孩子享受獨立的快樂

趙媽媽說，這樣放手讓孩子自己去做事，與其說是鍛鍊孩子，不如說更是在考驗我這當媽的。她說得很對，那就考驗考驗自己，讓孩子早點「獨立」吧。

趙媽媽因為沒讓孩子參加班上的春遊活動，孩子一星期都不和她說話。原來班主任老師為了讓孩子觀察植物，就帶全班同學週末的時候到植物觀光園郊遊，既是班上的一次春遊活動，也是一次學習機會。每位同學準備自己的「乾糧」，中午在植物觀光園的外面草地上野餐。

孩子一回來就高興地說給媽媽聽，可是趙媽媽卻不答

第十章　鬆開緊握的手，讓孩子獨立行走

應，說孩子沒有去過郊外，還嫌郊外太髒了，中午在草地上吃飯，太不衛生，就不讓孩子去。孩子委屈地哭了，可是趙媽媽卻說到週末帶他去吃「海鮮」。趙媽媽還怕孩子週末悄悄溜走，就一天都看著他。等到週一的時候，全班的同學都在回憶野餐的趣事，而孩子一個人趴在桌子上發呆。放學回家後，孩子一句話都不說，甚至一個星期都不理家長。

趙媽媽以自己的理由阻止孩子，她沒考慮到孩子也需要社交，需要和同儕在一起。雖然這個觀察植物的活動，也許孩子觀察不出什麼，可是孩子的快樂在於和同儕一起玩耍的過程。同時，她也奪走了孩子一個鍛鍊的機會。孩子「獨立照顧自己的能力差」不正是由於他一直缺少鍛鍊的機會嗎？她在這件事上和孩子發生意見衝突，在她的「強制」下，孩子不得不屈服，這會讓孩子覺得自己的意見總是得不到尊重。這樣漸漸地會讓孩子形成要麼反抗心理很重，要麼毫無主見的個性；而且孩子也很容易形成只顧自己不考慮別人感受的思維方式。家長因為有自己的某種顧慮，就生硬地阻止孩子的行動，家長這樣做其實是比較自私的，考慮的是自己的擔憂，做決策的依據是讓自己放心，而不是讓孩子快樂並得到鍛鍊機會。

放手讓孩子去做大多數情況下不是冒險，而是要讓孩子透過自身體驗，鍛鍊他們的膽量和能力，從而能在實踐中學

會防範危險。如果家長總是怕孩子出意外，總是保護得好好的，將來孩子真遇到什麼事，可能就沒有能力和勇氣去應對了。怕孩子吃飯噎到，難道就不讓孩子吃飯嗎？怕孩子跌倒，這輩子就不讓孩子走路了嗎？

孩子出行，安全是第一的。這也就需要家長平時多注意對孩子進行安全教育，讓他學會照顧自己，保護自己。在這個基礎上，要盡可能早地讓孩子獨立去從事各種活動。一旦覺得可行，就高高興興地讓孩子去做吧。

幫助孩子克服依賴的惡習

有一則民間故事：有一對夫婦家境富裕，晚年喜得貴子，歡喜得不得了，把兒子視為心肝寶貝，百般溺愛，生怕孩子有一點閃失。兒子在這種溺愛中長大成人後，連最起碼的生活都不能自理。一天，老夫婦要出遠門，需要半個月才能回來，他們怕把兒子餓著，就烙了一張大餅，套在兒子的脖子上，告訴兒子餓了就吃這張大餅。但半個月後他們回到家時，兒子還是餓死了。原來兒子只吃了嘴邊上的幾口餅。這則類似笑話的故事告訴我們，孩子的依賴性過強，長大後就無法自理，甚至缺乏最起碼的生存能力。

可以說，是父母的過分愛護，讓孩子失去了獨立生活的能力。畢竟孩子的未來要靠自己去開創，獨立生活的能力是

第十章 鬆開緊握的手，讓孩子獨立行走

一個人生存和發展的基本前提，而這種能力不是天生的，是從小培養和鍛鍊出來的。孩子對父母有依賴性是很正常的，「捨得」讓孩子獨立的父母，才是真正富有愛心的父母。

要想讓孩子成為社交高手，必須幫助孩子克服依賴的習慣。對父母過分依賴的孩子，容易事事依賴他人，這對他的社交極為不利。過分依賴父母和他人的孩子表現出許多不成熟的跡象：膽小、怕事；遇事退縮、沒有主見；總是要別人幫助，屈從他人；逆來順受，無反抗精神；進取心差，意志薄弱，害怕困難，在困難面前驚慌失措，經受不住挫折和失敗；交際能力差，孤僻、自我封閉。

過分依賴父母，會形成特有的生活環境，使孩子缺乏社會安全感，總是跟別人保持距離；他們需要別人提供意見，經常受外界的暗示或指使，好像自己沒有判斷能力；他們潛藏著脆弱，沒有發展出機智應變的能力，更不會有創造性。

糾正孩子過分依賴父母的壞習慣，應該從以下幾點入手：

首先，父母要提要求讓孩子完成。在培養孩子動手能力的同時要按孩子的年齡、能力的發展程度對孩子提出適當的要求，如果對孩子要求過高、難度太高，會使孩子產生畏難情緒甚至自卑心理，要求過低又不能激發孩子的興趣。事實上，在幼兒期間，伴隨著孩子生理的發展，他們肢體活動能力的增強，相應的自主性也開始得到發展，獨立性逐漸增

強，這時是父母幫助孩子形成良好習慣的適當時期。父母要堅持給孩子提出一些要求讓他們自己完成。當孩子看到自己完成了許多事情，他們的自信心和責任感便會增強，從而減少對父母的依賴。

其次，父母不能凡是包辦，讓孩子做自己力所能及的事。家庭教育的目的，不是讓孩子過上舒適安逸的生活，而是要培養孩子各方面的能力。所以，父母要轉變觀念，從小就培養孩子自主、自立的精神，孩子的日常課業、生活起居，能讓其自己做的就不要幫他做太多。美國大多數家庭的做法是：嬰兒從一出生就單獨睡覺；孩子能夠捧奶瓶了，就讓他自己捧奶瓶喝奶；讓孩子在有圍欄的床上自己玩；把孩子放在大便椅上讓他自己大便；孩子學步的時候，也是讓他自己扶著學步車走路；長大一些後，一切能夠自己做的事情都自己完成，同時還必須幫助父母幹一些家務活；孩子在七歲的時候就開始學著自己賺錢；成人以後，就完全獨立，自己解決生活問題。

再者，幫助孩子擺脫依賴心理。父母一旦發現孩子有依賴性，就必須及時給予糾正和改過。先了解孩子依賴心理的形成原因，以此為基礎，使用一定的策略。比如，不少孩子每天早上的起床問題讓父母費了不少心思，一次又一次地叫孩子起床，可孩子總是賴在床上不起來，一旦遲到了，反而

會責怪父母沒有及時把他從床上拉起來。面對這樣的情況，一位父親就對兒子說：「上學是你自己的事，晚上睡覺前定好鬧鐘，早上自己起床，沒有人再叫你了，遲到了只能由你自己負責。」當然這位父親對兒子是很了解的，他知道兒子能做到。第二天，鬧鐘一響，兒子果然立即跳下了床，做自己該做的事情。這位父親運用了一個小技巧，很輕鬆地改變了孩子的依賴心理，他的做法是值得其他父母借鑑的。

不可忽視的獨立思考能力

培養孩子的獨立性，一定要培養孩子的獨立思考能力。沒有獨立思考能力的孩子，就談不上有獨立性，也談不上領導力的高低。有科學家提出：優秀的學生並不在於一定要有優秀的成績，而在於有優秀的思維方式。不善於周密地思考問題的孩子，沒有資格去領導他人，最終只會受他人的領導。如果孩子善於周密思考問題，則會站得更高，看得更遠。

要培養孩子的獨立思考能力，就要提供機會給孩子自己去獨立思考、去判斷：什麼是對，什麼是錯，什麼應該做，什麼不應該做。

一個人的與眾不同有許多表現，其中最有意義的方面在於能夠展示並表達其獨具特色的思想。一個成功人士，也許

有多方面的建樹，但最引人注目的應該是他那極具個性的思想，以及獨立思考與判斷的能力。

能不能全面而深入地思考問題，決定了一個人的思維深度和廣度，也決定了結論的正確性。領導必須具備全面而深入思考問題的能力，領導他人看清問題的本質，避免出現失誤，帶領大家不斷走向成功。

美國物理學家雷恩沃特（Leo Rainwater）小時候非常善於思考，他能夠從其他人熟視無睹的事物中想到一些更深層的問題。

雷恩沃特上小學的時候，在一次語文課上，老師問道：「同學們，你們說一加一等於多少？」

「等於二！」同學們異口同聲地回答。

只有雷恩沃特呆呆地看著老師，沒有回答。

老師有點疑惑，就問他：「雷恩沃特，你怎麼不回答呢？難道你不知道這個問題的答案嗎？」

雷恩沃特想了想，對老師說：「老師，我不是不知道一加一等於二，但是，您為什麼要問我們這麼簡單的數學題呢？您是不是有其他的答案？」

聽了雷恩沃特的話，老師感到非常高興。因為，老師提這個問題的目的被雷恩沃特言中了！老師微笑著對大家說：「同學們，雷恩沃特說得沒錯。從數學的角度來說，一加一等於二，但是，從其他角度來說，一加一未必等於二。就像

我們今天要學的這篇文章裡所說的，兩個人互相幫助，兩人的力量就大於他們單個人力量之和。所以，我們要互相幫忙，互相關心，做個樂於助人的人。」

在鼓勵孩子獨立思考方面，父母有很多事情可以做，最簡單的就是傾聽孩子敘述自己的想法。儘管孩子的想法常常是天真、幼稚，甚至可笑的，但父母一定要按捺住想糾正他的願望，而抓住他談話中有趣的、有道理的論點，鼓勵他深入「闡述」，讓他嘗到思考的樂趣，增強自我探索的信心。

傑克在上四年級，班上舉行到山上參加為期兩天的露營。傑克驕傲地告訴媽媽說自己能準備行李，然而出發前，媽媽發現他沒有帶厚衣服，可是山上的溫度要比平原低很多。傑克拒絕帶厚衣服，媽媽也沒有堅持。

兩天後傑克回來了，大家問他玩得怎麼樣，他說：「我該聽媽媽的，山上很冷，」

媽媽問：「下個月我們要去佛羅里達，也帶同樣的衣服嗎？」

傑克想了一下說：「那不用，佛羅里達很熱。」

媽媽說：「對了，外出前你應當先了解一下當地的天氣情況，再作決定。」

傑克說：「我知道了。我下次露營時應該先列個單子，就像爸爸出差前一樣，這樣就不會忘帶東西了。」

培養孩子獨立思考的能力，就要讓孩子自己的事情自己去想辦法解決。訓練孩子思考的習慣，父母可以給孩子一些提示，讓他自己去動手、動腦，這可以使孩子在不知不覺之中養成獨立思考的習慣。

給孩子選擇朋友的權利

在成長過程中，孩子是需要朋友的。俗話說：「近朱者赤，近墨者黑。」父母對孩子的朋友都比較重視，通常都希望孩子的朋友是品學兼優的好學生，可以給孩子帶來有益的影響和幫助。

可是，有時父母會發現，孩子來往的朋友不一定都能令自己滿意。因此，有些父母喜歡按照自己的意願要求孩子去選擇朋友。這給孩子帶來了一定的心理壓力，甚至還會引起孩子的反抗心理，導致孩子很難交到朋友，甚至沒有朋友。

該怎樣去對待孩子的朋友呢？這個問題一直困擾著許多父母。

其實，關鍵是父母要轉變態度，讓孩子擁有自己的朋友，尊重他的選擇，而不是用挑剔的眼光來衡量他們。這樣，孩子自然也就會接受父母的幫助和指導。

一位女孩這樣說——

我的父母很怪，他們對我的朋友總是特別敏感。如果我

第十章　鬆開緊握的手，讓孩子獨立行走

想和女同學交朋友，需要經過他們的「資格審查」。功課不好的不能交，講話太多的不能交，打扮太漂亮的不能交，眼神太靈活的不能交。如果我想和男生交朋友，乾脆免談。你看，在這種高壓政策下，我還能有朋友嗎？

一次歷史考試結束後，在回家的路上，我和班上的兩位男生同路，誰知吃晚飯的時候媽媽卻問我：「和妳同路的那兩個戴眼鏡的人是誰？妳在左邊，他們兩個在右邊？」我真受不了媽媽這種詢問的態度，但我沒有別的辦法，因為在他們眼裡，我已經是個心裡有祕密的半大不小的人了。

還有一次，我放學回家的路上碰見兩個同年級的男生，大家平時都挺熟的。那天，他們說想到我家去聊聊，順便熟悉一下。我答應了。雖然我知道父母將會怎樣為難我，可我還是帶他們到我家了。路上我跟他們說，要他們對我父母說他們是我的同學，是來找我借書的。我之所以這樣做，是不希望又被父母罵，不希望讓大家不愉快。

到了我家，還好，父母還算給我留面子，沒有當時就把他們趕走。但是，爸爸不時地到我的房間裡來看看，其實他是來監視我們的。那兩個同學也覺得很彆扭，沒坐一下就走了。

我把他們送出門，剛回到家，爸爸就鐵青著臉問我：「他們是做什麼的？」我說是我的同學。他又問：「跟你是一個

班的嗎？」我說不是。爸爸又說：「那妳怎麼把他們招惹來了？」我當時真是忍無可忍，什麼叫「招惹」啊？爸爸為什麼用這樣的語言來挖苦我？那一天，我不知道我是怎麼上床睡覺的。

做父母的可以想一想，在你的家裡是否存在這樣的情況？也許，你的家庭中沒有這種「比較過分的事件」，但你是否給孩子的成長提供過一些與夥伴交流的機會？

孩子作為一個獨立的個體，他有自己選擇朋友的權利。但這並不是說孩子無論交什麼樣的朋友都可以，還是有一個範圍的，父母應當適時地掌握這個範圍。

首先，不要刻意地為孩子選擇朋友。父母為自己的孩子選擇的朋友多半是老實、聽話、膽小的孩子，和這些孩子玩，父母似乎可以放心一些，不必過分害怕什麼石頭砸傷了腦袋之類的事故。但是如果自己的孩子在環境中遇到了那些手臂粗、力氣大、甚至是好欺負小孩子的大孩子時，他們會怎樣呢？他們會不知所措，不知如何保護自己。而且會因此對外界的環境感到害怕，有的孩子甚至會因此封閉自己，不敢結交朋友，寧願自己一個人玩或請大人陪自己玩。

其次，要讓孩子自己結交夥伴。以成人來說，和朋友的關係以及友誼的形成，表示一個人是否適應社會，是否成熟。如此說來，孩子就更要從小學習結交朋友。父母應該引

導他們進入一個愉快而又適宜的團體，而不要代替他們。當
孩子在與朋友們發生糾紛時，父母尤其不要代替他們思維，
代替他們分析，代替他們和夥伴「算帳」，這樣無疑將把自
己的孩子推到孤立的境地，使孩子產生依賴性，覺得有父母
為堅強後盾，遇到什麼麻煩都可以回到父母身邊尋求庇護，
這對孩子極為不利。

　　最後，給孩子多一點關心。當孩子在結交朋友時受到了
冷淡，遭到嘲笑、排斥時，父母應該及時地給予關心，並解
除孩子心理上的懷疑等，讓孩子勇敢地再次接觸朋友，並從
結交朋友的過程中增長才智！

不喜歡孩子的朋友怎麼辦

　　看著孩子越來越大，交的朋友越來越多，這本來是一件
值得慶賀的事情，但是讓許多父母感到尷尬的是孩子交的很
多朋友自己一點都不喜歡。一方面不得不尊重孩子的選擇，
因為那是孩子自主選擇的結果；另一方面，父母又擔心自己
的孩子會被那些「狐朋狗友」給帶壞了。這是幾乎每位父母
都會遇到的棘手問題。

　　張櫟上小學六年級了，在學校有幾個很好的兄弟。這讓
張櫟的媽媽劉阿姨很是擔心。因為那幾個孩子都是單親家
庭，也許是缺少父母管束的原因，性子都很野，經常在外面

瘋玩，天黑了才回家。自從和那幾個男孩混在一起以後，張礫放學後經常很晚才回來，並且總是滿頭大汗。張阿姨問孩子做什麼去了，孩子什麼也不說。怕他出事就多問了一句，孩子氣上來了：「妳煩不煩啊，不用妳管。」

母親很生氣，生怕孩子出事，就對孩子下了禁令：「放學之後必須馬上回家！」

從那以後，孩子是按時回家了，不過孩子對媽媽的態度卻明顯冷淡了，說話都愛理不理的。媽媽的心裡很不是滋味，她覺得有必要去一探究竟。

第二天，媽媽早早地就守在學校門口，看見那幾個男孩子出來了，就馬上像個特務似的跟了上去，看他們七彎八拐地進了一家敬老院。她很好奇，也就跟了進去，這一看不打緊，她立刻就被眼前的情景給驚住了。原來敬老院的老人們幾乎都是單身，子女不在身邊的痛苦，那幾個單親家庭的男孩能深刻理解。他們商量後，就決定利用放學後的時間來這裡幫老人們做一些力所能及的事情、聊聊天啊什麼的。劉阿姨這才知道自己錯怪了孩子。

回去以後，劉阿姨很真誠地給孩子道了歉，同時表示支持孩子利用業餘時間來參加這種有意義的事情。

事後，劉阿姨深有感觸地說：「我們做父母的常常以為自己最了解自己的孩子，真的是這樣嗎？孩子們也有自己的

第十章　鬆開緊握的手，讓孩子獨立行走

獨立意識，很多事情並不願意和家長說，這就需要我們去了解。對於孩子的朋友，如果自己不喜歡，也不要表現出來，而是去試著了解孩子為什麼要交這些朋友。等弄清楚事情的原委，再進行引導，這才是最正確的方法，否則的話，不僅會錯怪孩子，甚至會和孩子的關係鬧僵。」

也許有讀者會問，如果孩子真的交了父母不喜歡的孩子作朋友時，做父母的應該怎麼辦？

首先，做父母的要保持冷靜的心態，主動地去了解孩子的內心。孩子很小的時候，他們對父母的依賴性會很強。但是隨著年齡的增長，自我意識的不斷增強，閱歷的不斷增加，他們會逐漸形成自己的一些看法。這個時候，讓孩子服從於父母的意志是很危險的做法。不僅不會解決問題，很可能還會使孩子的反抗心理激增，使兩代人的代溝不斷加深。

冷靜並不代表不作為。當你對孩子交的朋友不放心時，可以靜下來和孩子好好談談他為什麼會和對方交朋友，對方吸引他的是哪一點。透過了解，你就會發現孩子的內心到底在想些什麼、他需要些什麼、想得到什麼，然後你就可以有意地引導孩子去交那些適合他的朋友。當然，你也可以委婉地告訴孩子你為什麼不喜歡他交的朋友，或許，他在聽完你的理由之後，會思考這樣的朋友該不該交，自己該注意些什麼。甚至會幫助朋友來克服他的不足。

其次，要讓孩子學會一分為二地看待朋友。古語有焉：金無足赤，人無完人。再好的人也有他的弱點，再壞的人也有他的閃光點。身為父母，應該告訴孩子要用兩隻眼睛去看待朋友，學會判斷朋友的哪些特質是不好的，哪些是值得自己去學習的。透過教育和引導，漸漸地培養孩子的鑑別能力。父母做的只是孩子的引導者，而不是孩子的保護神。

最後，不要粗暴地干涉孩子的自由。即便孩子的朋友在品德上有些瑕疵，也要謹慎處理，不要斷然否定。一方面是孩子的反抗心理，你不讓他交流他越要這麼做，後果就是本來和諧的家庭由此變得緊張，另外孩子的自尊心會受到很大的打擊，父母的威信也會隨之降低。另一方面，孩子畢竟還小，缺乏社會經驗，做父母的要舉證事實、講道理，與孩子平等地分析自己的觀點，這樣孩子會容易接受一些。

孩子間的爭吵讓孩子去解決

孩子間相互爭吵是父母最感頭疼的事。一方面怕爭吵時打架，傷害孩子或對方，另一方面怕傷了與對方父母的和氣，所以，家長往往以訓斥或打孩子的方法而制止孩子之間的爭吵。

其實，孩子們在一起玩耍，爭吵是普遍而自然的現象。現在的孩子絕大部分是獨生子女，他們個性倔強，是每個家

第十章　鬆開緊握的手，讓孩子獨立行走

庭中的「特殊人物」，所以容易形成不合群、自顧自、獨占一切的壞習慣。他們在一起玩耍，爭吵是難免的，從孩子心理上講，他往往以自己為中心，不了解別人的心理和要求，不容易接納同伴的意見，常常是透過爭吵的形式來爭辯說理，來了解對方的想法。另一方面，孩子透過爭吵來激發自己表達內心世界的語言，從爭吵中學習說話，學會忍讓、寬容、接納別人。孩子通常不會像大人一樣因利益衝突而記恨對方，他們爭吵以後會馬上和好，往往大人氣還沒消，孩子又到一起玩了。因此，父母發現孩子爭吵時，不要大驚小怪，更不要把大人之間的矛盾帶到孩子中間去。

一個春和日麗的早晨，王女士在樓上做家事，她十歲的兒子豆豆在社區裡和朋友們玩。這幾個朋友經常在一起玩。

王女士收拾了一下屋子，就推開窗看兒子在哪裡玩，不料正看見兒子和一個個頭高一點的孩子在吵架，而且越吵越凶，聲音很大。

王女士急忙跑下樓探看究竟。到跟前一看，才弄清楚孩子們爭吵的「導火線」是一種名叫「紙三角」的自制玩具。原來兒子的「紙三角」被那個個頭高一點的孩子搶去了，所以很氣憤，兩人就吵了起來。更可氣的是，其他的小孩子偏偏幫著個頭較高的那個孩子對付豆豆。

豆豆正在勢單力孤之際，看見媽媽來了，漲得通紅的小臉一下子變得慘白，委屈的淚水忍不住掉了下來，繼而「哇

哇」地哭了起來。

看到這種情形，王女士一開始真的很生氣，真想訓斥那個不講理的孩子一頓，替兒子出出氣。但她忍了忍，轉念一想，自己一個大人摻和孩子們吵架有點不好。

於是她強壓怒火，拉著兒子說：「豆豆，走，我們回家去，不和他玩了！」

但是豆豆人小脾氣硬，站著沒動，偏偏不回家，非要把自己的「紙三角」要回來不可。

王女士於是勸兒子：「幾片破紙片，有什麼好玩的！回家媽媽帶你買好玩的去。」可豆豆仍然不動。

王女士只好把目標轉向那個搶「紙三角」的孩子，語氣溫和地對他說：「小朋友，阿姨相信你是個好孩子，你把『紙三角』還給他吧，好嗎？」可是那個倔小子也不買她的帳。

王女士一看他們都固執己見，兩邊都搞不定，一氣之下喝問道：「豆豆，你到底回不回家？」豆豆將脖子一擰，響亮而堅決地吐出兩個字：「不回！」

「好吧！那你自己想辦法解決吧，我回去了！但是不許哭，男子漢哭算什麼出息！」說完，王女士頭也不回地上樓了。

王女士雖然坐在家中，但還是懸著一顆心，生怕自己的兒子受欺負。正擔心之間，兒子卻手裡拿著自己心愛的「紙三角」回來了，並且小臉上早已「陰轉晴」，笑嘻嘻的好像

什麼事也沒發生一樣。

王女士感到詫異，細細問去，才曉得幾個小朋友又和好了。王女士詢問兒子用什麼法子「解決」的，豆豆只笑著說了兩個字：「保密！」

這件事替王女士上了深刻的一課，使她了解到小孩之間的糾紛最好還是由他們自己想辦法解決。從此以後，王女士不再為兒子出頭了，而兒子處理和朋友之間的關係的能力也越來越強。

事實上，孩子與夥伴之間的糾紛主要是爭吵，有時可能會大打出手，甚至把對方致傷，闖下禍來。有些父母便忙著為孩子收拾殘局。因為在他們看來，孩子年齡小，沒有承擔責任的能力，不得不由當爹媽的出面「善後」。

這類父母要麼找到與自己孩子發生衝突的孩子，替自己的孩子「賠不是」；要麼登門拜訪對方父母，希望透過大人來解決問題。通常而言，越俎代庖的做法收效甚微，且不會受到自己孩子和對方孩子的歡迎。

父母們應該明白，孩子們考慮問題的方式是不同於成年人的，像偷了人家的羽毛球拍，或者用磚頭砸人之類的事，在大人們看來是性質很嚴重的問題，而在孩子們的眼裡，也許並不是什麼天大的事情。

因此，倘若父母們以自己的思維方式來定性孩子的行

為，很可能使問題複雜化。有時候，原本不過是孩子們一時之氣引起的糾紛，經過雙方父母煞有介事的一折騰，反而升級為大人們之間的衝突。當孩子們和好之時，雙方父母卻還在互相怨恨。所以，明智的父母通常不會介入孩子之間的糾紛和衝突，他們會讓孩子自己去承擔責任，把解決問題的主動權留給孩子，讓他們自己想辦法，按照他們自己特有的方式解決衝突和糾紛。

其實，孩子自己解決衝突和糾紛，正是自我鍛鍊的絕佳機會。孩子們正是透過辯解、說理和爭吵，了解自己和他人，學會進攻與忍讓、爭執與妥協的藝術，學會如何去面對勝利與失敗。在解決與夥伴之間的衝突的過程中，能更好地獨立自主思考，使自己的交際能力不斷提升。

每個孩子說到底都屬於社會，總有一天他會走向複雜的社會，到那時人際間的各種衝突遠比現在朋友之間的糾紛要複雜得多。做父母的不可能永遠充當孩子的「保護傘」。

因此，應拒絕替孩子「善後」，要及早放手，自己做事自己當，靠自己的智慧去解決與同伴之間的衝突和糾紛，這才是父母最明智的做法。掌握解決人際衝突的藝術，是成功人生必備的本領。

第十章　鬆開緊握的手，讓孩子獨立行走

第十一章

避開教育孩子的常見迷思

社會是一個大花園，孩子是花園種含苞欲放的花蕾。父母的教育和引導是陽光，長輩的關懷和鼓勵是雨露，在共同的呵護下，花蕾才能怒放，開出芬芳的花朵。孩子漸漸長大，會逐漸走向一個小集體中，學著與朋友交流……

　　為了讓你的孩子能夠更快更和諧地融入他的朋友圈中，年輕的父母需要處處提防，不要走進地雷區，導致孩子在交際中處於被動。

重智商不重情商

　　根據報載，有一名成績優異的高中生在數學比賽失利後一蹶不振，一年內割腕、割頸十餘次。

　　這個學生叫舒凱（化名），讀高三，今年十九歲，國三時因成績優異成為多所高中理科實驗班爭奪的對象。進高中後，他用絕大部分時間和精力主攻數學，希望獲得全國大獎走保送上頂尖大學的捷徑。

　　據父親舒慶祥（化名）介紹，幾個月前兒子代表縣市參加全國中學生數學競賽，只獲得二等獎。兒子無法接受未拿一等獎的現實，一次次向自己舉起利刃。

　　舒慶祥說，兒子會走到這一步，主要跟家庭教育有關。兒子從小智力發展很不錯，有些自視過高，比較怕吃苦，我們對他也比較溺愛，兒子的要求從來都是盡力滿足，這種以

兒子為中心的教育方法也使得兒子很少顧及其他人的感受，「重智商輕情商，是我教育兒子中最大的迷思」。

智商是綜合性的認知能力，其基本構成要素為注意力、觀察力、記憶力、想像力和思維能力，其中思維能力是智力的核心，智商就是對一個人的智力因素的測定。也就是說，它主要表現人的理性的能力。智商的高低反映著智力水準的高低。

情商是指人們進行各種活動時的智力因素以外的全部因素的總稱，主要由興趣、動機、信念、情感（情緒）、理想、意志、個性等要素組成。非智力因素是人們在實踐活動過程中的綜合性素養，情感（情緒）、意志是其中一些較活躍的因素，起著動力、強化作用。

與智商相比，情商更由後天決定。

不少家長很重視孩子智力的發展，也捨得在這方面下工夫、多投資。許多孩子從小上圖畫班、英語班、電子琴班、舞蹈班等，父母們還頗費心思地教他們學算術和讀書識字，真可謂可憐天下父母心。但是，不少家長在著力提升孩子智商的同時，忽略了孩子個性、道德和情感的發展，也就是忽略了情商的塑造。其結果是，不少孩子雖智力發達、課業成績優異，卻情商低下，情感殘缺。他們有的自私自利，唯我獨尊，不懂得關心他人、幫助他人，不懂得尊敬老人、孝敬

第十一章　避開教育孩子的常見迷思

父母、愛護親人；有的不辨是非，隨波逐流，不知道社會上什麼是對的，什麼是錯的，什麼應該支持，什麼應該反對，不懂得真、善、美和愛；有的個性雖不壞，但情感低能，無法理解別人正常的感情，因而與別人交流、溝通和合作都十分困難；還有的意志薄弱，感情脆弱，經不起困難和挫折的打擊。這樣的孩子不是現代化社會需要的人才。他們自己也會在走上社會後因不能適應社會而出現多方面問題並影響身心健康。

當前，情商教育日益受到全社會的重視。不過對孩子影響最大的還是父母。父母應承擔起培養孩子發達情商、健全心靈方面的重任，把孩子培養成高智商、高情商，真正全面發展的人才。下面是一些建議：

- 培養孩子從小懂禮貌，見了長輩要開口問好，學會恰當使用「對不起」、「謝謝」等禮貌用語。
- 鼓勵孩子關愛他人、幫助他人。
- 讓孩子分擔一些力所能及的家事，培養家是一家人共有的觀念，懂得付出的辛苦。
- 讓孩子明白父母養育他們是多麼不易。
- 當孩子欺負身障人士時，要嚴厲責備，培養孩子的愛心和同情心。

- 鼓勵孩子多與鄰居、同學交流。
- 鼓勵孩子看報、看電視新聞，了解國家大事和世界大事，全面認識社會，懂得人情世故。
- 鼓勵孩子多參加團體活動。
- 教育孩子對人要公正、平等、真誠、友愛。
- 孩子能夠獨立完成的事情，盡量讓孩子自己做，父母不要包辦。
- 在生活和課業上鼓勵孩子自主決定、自主選擇，只要不危害孩子的身心健康，父母不要干涉。
- 父母應民主治家，尊重孩子的人格尊嚴，絕不要侮辱、打罵孩子，使孩子從小具有尊重他人、自尊友愛等待人的觀念。

　　情商和智商並不對立，是人生的雙輪。如智商低而情商高，則情商可以挖掘智商的最大潛力和發揮智商的最大效應，促成人的發展和成功；如智商和情商偏低，那麼這個人會很平庸；如智商高而情商低，這個人在學校成績優異，但走向社會可能未必有成就；如智商和情商都高，其勢必能創造出色的業績，獲得巨大成功。可見，在預測人的成功時，了解情商比測試智商更有價值。

沒有原則的愛

　　愛是人類的天性，每個人都希望自己得到別人的愛，同時也向別人付出自己的愛。在所有的愛中，父母與孩子之間的愛是自然的，也是最為牢固的。父母對孩子的愛不僅令孩子感到快樂，感到安全，同時也在培養和引導著孩子愛別人的天性。一個沐浴著父母真誠的愛的孩子，一個熱愛父母也對別人抱有愛心的孩子，永遠不會悲觀，不會覺得孤獨，不會寂寞、徬徨，他們將會適應社會、適應人際間的交流，他們能營造和諧快樂的氣氛，給家庭帶來幸福。

　　父母不論在任何時候都要始終不渝地關心孩子的成長，關心孩子的健康。不論你是得意還是失意，是躊躇滿志還是焦頭爛額，是成功還是失敗，都必須堅持對孩子的愛。讓孩子感受到你在關心他、支持他，你是他的堅實後盾；無論發生什麼情況，你都不會改變對他的愛，更不會遺棄他。

　　真正的愛不是無原則的愛，對孩子的教育固然應以鼓勵、稱讚為主，但應該責備的地方則必須責備，否則，你對孩子的愛就是不完全的。只要你說明責備的理由，掌握好責備的分寸，孩子是會接受的。不顧原則的無條件的愛不是真愛，只是「溺愛」，過分的關心，過分的保護都屬此類。

　　一對年輕夫婦，生活十分節儉，但對其四歲的兒子卻有求必應。有一天，年輕的母親帶兒子外出玩耍，並為他買了

一瓶近五十塊錢的飲料。兒子喝了幾口不願再喝了，口乾舌燥的母親剛拿起飲料送到嘴邊，兒子就氣沖沖地過來奪過瓶子摔到地上，並高聲尖叫：「這是我的，不准妳喝。」看著飲料汩汩而出，年輕的母親背過身去，淚水止不住地流了下來……

這令人心酸的一幕，不能不讓人想起對兒童的品德教育。不可否認，父母之愛是人間的無私摯愛，但父母在對孩子付出愛的同時還應教育孩子學會回報，學會去愛別人。要讓孩子知道父母工作很累，很辛苦，也需要別人的關心和體貼。累了，讓孩子搬個凳子；病了，讓孩子倒杯開水；無論買什麼好吃的東西都要教孩子先讓長輩品嘗；讓孩子學會關心家人和別人的健康，做一些力所能及的事，一聲問候，一個親吻，都能帶來無盡的溫馨。

如果一個孩子從小只知道接受別人的愛，不知道以同樣的愛心去對待別人，長大後有可能成為一個蛇蠍心腸的惡人，一個感情上的「白痴」。在他心中，既沒有對長輩的孝敬，也沒有對晚輩的慈愛，很難想像他會愛別人、關心別人。做父母的要從小培養孩子的仁愛之心，讓他們懂得回報，懂得在接受別人愛的同時去愛別人，愛整個社會。這樣，孩子在走向社會後，才能與其他人和諧相處。

為了孩子的健康成長，為了家庭的和睦幸福，父母在愛孩子的同時，一定要從小教育孩子愛父母。日常生活中，要

以自己的行動來表示：比如家裡通常都有老人，飯做好後讓孩子去叫爺爺奶奶或外公外婆一起吃飯，買東西時不要忘了家裡的老人，老人生病了要關心。孩子在這樣的環境中成長很自然就能學會關心家人。還要隨時注意向孩子灌輸愛父母、關心父母的觀念。要讓孩子懂得沒有父母的關愛，就沒有他們生命的存在。父母操持家務或在家裡工作、從事科學研究活動，要有意識地讓孩子親眼目睹或親自參加；父母在工作繁忙地工作和為社會貢獻的情況要向孩子講述。要讓孩子真正懂得，父母為了撫養他們成人，日復一日，不知付出了多少艱難和辛苦，耗費了多少心血和精力；父母臉上的道道皺紋，頭上的縷縷銀髮，一天天衰老的身軀，都是為了給子女創造一個美好的明天而嘔心瀝血，辛勞奔波的寫真。從而激發孩子對父母的愛，促使孩子形成良好的道德規範，自覺地向父母奉獻愛心，生活上更多地照顧父母，精神上更多地安慰父母，經常陪伴在父母的身邊，讓父母盡享家庭快樂。同時努力創造優異的課業成績，來回報父母，讓父母感到欣慰。

　　《三字經》中講：「養不教，父之過；教不嚴，師之惰……玉不琢，不成器；人不學，不知義。」這就是說，像前面講的那個「連一口水都不讓媽媽喝」的「小不懂事」，是誰養出來的呢？是父母；是誰教他如此做人呢？是父母；是誰

的過錯呢？還是父母。就因為他們是養孩子不教育孩子，才使他們的孩子學不會明理知事。這種父母讓人覺得可憐又可恨，可憐是因為孩子這樣無情地對待她；可恨的是若不及時糾正，這實際上是為社會又製造了一個「包袱」，一個「累贅」。父母啊，千萬別走到這一步！

乖孩子，軟柿子

不許這樣，禁止那樣，杜絕……不少家長總希望孩子能夠當個聽話的乖孩子，殊不知他們這樣很可能培養出一個「軟柿子」。

一位媽媽找到教育專家，用後悔的口吻這樣說：「以前總是要兒子聽話，我現在反而覺得太聽話的孩子將來會沒出息。」這位媽媽表示，她為人比較嚴謹，希望自己的兒子從小懂規矩、講禮貌，不要給別人添麻煩，兒子也一直做得很好，是外人眼裡乖孩子的典範。然而，在與同儕的相處中，十五歲的兒子表現得過於軟弱，有人欺侮他，他也不吭聲。

教育專家表示，膽小怯弱的孩子所接受的家庭教育，要麼是父母管教比較嚴苛，要麼是父母兩人的教養態度不一致，一方太強，一方過弱。家長在設置了一些家規、禁令後，只是讓孩子簡單服從，而不告訴孩子為什麼要照這個規矩去做，也很少傾聽孩子的意願。在家裡被要求聽話聽慣了

的孩子，難免會將這種人際交流方式遷移到與他人的交流中，總是處在人強我弱的位置上。

劉女士對專家說：「我的兒子念國三，成績還不錯，就是人太老實，被人欺負也不敢跟老師或家長說。老師反映，班上有幾個調皮學生經常讓兒子跑腿買東西。問及此事，兒子只說：『那些學生不好惹，會動手打人的，只是幫他們買個東西，無所謂。』看到兒子如此反應，我心裡很不舒服。」

專家解讀：在人與人的交流過程中，總會遇到我們向別人提要求或是別人向我們提要求的情況，當別人向我們提要求時，答不答應就是個人的態度問題。具體到這個孩子身上，當遇到這種情況時，孩子就需要擺出鮮明的態度：對同學提出的要求如果樂意，就給予幫助，如果打從心裡不樂意就拒絕，當然拒絕是要注意技巧的。如果你表現得唯唯諾諾，別人也不了解你的意願，就很可能會把他個人的意願強加於你。對於危及安全的恐嚇，應該及時向班主任或家長反映。

陳女士對專家說：「我的兒子四歲多，膽子很小，在與別的小朋友的交流中總是很被動，玩玩具時，如果別的小朋友要，他明明捨不得也會拱手讓人。幼兒園老師沒說可以去上廁所，他就算拉到褲子裡，也不會跟老師說。現在我正在反思，是不是一直以來讓他守規矩不對？」

　　專家解讀：孩子出現這種情況，與家庭教育有很大的關係。父母是孩子的最親密的人際交流對象，親子間的交流具有很強的遷移性，也就是說如果孩子與父母交流比較順暢，那麼在與別人的交流中往往也會比較順暢。

　　經了解，以上兩位母親在教育孩子時，都表現得比較嚴厲，對孩子的一些探究性的行為，常常簡單地告知「可以」或「不可以」，很少給孩子話語權，來表達自己內心的想法。所以，家長在教育孩子時，一方面要尊重孩子的求知慾，一方面也要尊重孩子的自由，鼓勵孩子表達自己的內心想法，對於與自己的意願不符的要求，可以多問一個「為什麼」，也可以說「不」。

　　傳統華人喜歡老實的孩子。父母總希望孩子規規矩矩、百依百順，孩子稍一調皮就不能容忍，往往是管得過死，限制過多，把孩子的創造性給扼殺了。其實調皮、好動是兒童的天性，也是創造力發展的幼芽，只要不出太出格，不要限制太多。什麼都看著大人的眼色行事，唯唯諾諾，將來注定是個沒出息的孩子。

　　美國總統尼克森寫了一本書《領袖們》，他說，華人的教育制度可以為群眾提供很好的教育，但卻失去了東方的達爾文和愛因斯坦。因為華人的教育制度過分強調每個人要樣樣都好，樣樣都要統一，從小把他們訓練得十分馴服，不允許有獨

立見解，更不允許有愛因斯坦的「離經叛道」，這樣只能培養出守業型人才。父母要真心熱愛創造型孩子，就不要對孩子求全責備，不要用傳統的觀點把孩子訓成「小老頭」。

把體罰當法寶

教育孩子的時候，懲罰是必不可少的方法。但對於具體的懲罰方法，不少家長卻一直認為最好莫過於體罰。李先生一看見十二歲的兒子就煩，如果兒子表現稍有不好就想動手打他。兒子走路姿勢不對，他上去就是一腳；出差回家後看到兒子不理睬他，他也會用打罵的方式教育孩子。

自古流傳「棍棒底下出孝子」、「不打不成才」的說法，直到今天，體罰孩子仍是許多父母的「法寶」。在家庭教育研究會日前進行的一項調查中，對「孩子有錯時，打他也是為了孩子好」的說法明確表示「很不同意」的只有百分之二十七點二。有調查結果顯示：有百分之六十點一的孩子曾經在家裡挨過打。有一些家長認為：孩子是自己生的，打自己的孩子天經地義；打孩子是家庭內部的事，「外人」沒有權利干涉。事實上，父母們「打孩子有理」的錯誤認知，都是站在家長立場上的所思、所想，完全沒有考慮孩子的感受，不知道孩子受到打罵後會產生怎樣的心靈創傷和情感扭曲。

　　凡是打孩子的家長，往往都有自己的理由，認為打孩子是出於對他們的愛。每一個孩子的成長過程中，「缺點」和「錯誤」都會伴隨著他的腳步。的確，父母在對孩子進行知識教育和品德培養時應該嚴厲，但透過打孩子達到教育目的卻是不可取的，這樣做的結果只能是「兩敗俱傷」。

　　孩子如果經常挨打，個性會變得比較孤僻，不願意和其他孩子玩耍。孩子步入社會後，與別人相處時會遇到很大的心理障礙。父母動不動就打孩子，會讓孩子出現不同程度的心理問題，比如說謊。有的家長一旦發現孩子做錯事就打，孩子為了避免「皮肉之苦」，能瞞就瞞，能騙就騙。可孩子說謊，往往站不住腳，易被家長發現。為懲罰孩子說謊，家長態度更加強硬；為逃避挨打，孩子下一次做錯事更要說謊，於是就形成「惡性循環」。另外，常挨打的孩子害怕家長，不管父母要他做什麼，也不管父母的話是對是錯，都乖乖服從。在這種「絕對服從」的環境下成長的孩子常常容易自卑、懦弱、被動。尤其是父母當眾打孩子，會使孩子的自尊心受到傷害，往往會懷疑自己的能力，會自覺「低人一等」。

　　所以說，打罵孩子所遺留下來的弊端顯而易見，不僅不能讓他們「心服口服」，更會讓孩子的內心感覺不到家庭的溫暖，感情會變得麻木，並且在心理上疏遠父母。長此以往

第十一章　避開教育孩子的常見迷思

必將影響正常的親子關係。另外，遇到挫折，還可能選擇離家出走的方式解決，甚至被壞人利用，走上犯罪的道路。

蘇聯教育學家蘇霍姆林斯基（Sukhomlinskii）曾經這樣說過：「不用理智、溫柔的良言善語，用皮帶抽和打耳光，如同對雕塑對象不用雕刻家的精巧雕刀，而動用了生鏽的斧頭。」體罰教育是一種「無能的教育」。它是父母對子女的粗暴態度，也是造成兩代人內心產生隔閡、水火不容的根源之一。體罰是兒童形成不良個性心理缺陷的誘發劑。兒童需要安慰、需要同情、需要在溫暖的環境中成長，如果缺乏了這些因素，便只能自己默默地沉浸在孤寂裡，形成孤僻的個性，同時也容易形成自卑、膽怯、畏縮等不良心理特質。兒童經常處於體罰的壓力中，內心會產生惱怒和憤恨，形成固執和對抗的心理特性。

如果孩子做了非常不好的事情時，父母可以採取「事不過三」的原則。第一次是溫和地告知，讓孩子明白自己為什麼錯了，錯在哪裡，所帶來的嚴重後果是什麼；第二次是嚴厲的責備，除了再一次警告孩子之外，還應該好言相勸、耐心教導；第三次就要給予相應的懲罰了。懲罰一定說到做到，不給孩子任何的僥倖心理。

孩子還處於發展和成長階段，對於是非曲直有時缺乏正確的評判，難免會犯錯誤。即便是成人，有時也是難免的，

所以對孩子第一次犯錯誤，無論多麼嚴重，也要好言相勸，耐心教導。如果同樣的錯誤還犯第二次，那就不是無意而為了，因此一定要重視，即使是很小的錯誤也不能輕視。這樣，孩子會知道，同一個錯誤不能犯兩次，並盡力朝這個方向努力。通常情況下，孩子會在第二次的時候就向父母承認錯誤：我這次記住了，絕不會再犯了。

懲罰的時候可以沒收孩子一個月的零用錢，或者明令禁止孩子接觸電腦，又或者可以用做家事來懲罰孩子，這些都是比較合理的懲罰方法。

處處以孩子為中心

仔細分析那些人緣不好的孩子，多半生活在父母過分保護、溺愛的家庭中，特別是隔代帶養的孩子，更容易產生這樣的問題。這些父母總怕自己的孩子受別人欺侮或出什麼事故，不許孩子出門與朋友交流，或者嚇唬孩子說外面有壞人，會把小孩拐賣掉，孩子自然就膽小害怕起來；在家裡，為了讓孩子安心玩耍，家長千方百計順著他，以孩子為中心。這樣，在不知不覺中形成以孩子為中心的家庭關係，導致孩子變得自大、自私和任性。

這樣的孩子一旦走出家門，在與同儕的交流中，往往會搬出在家裡的作風來指使別人。但朋友可不吃這一套，他們

第十一章　避開教育孩子的常見迷思

為什麼也要以你為中心呢？孩子這時不但指揮不動別人，反而會遭到朋友們的拒絕、奚落與排斥。經過幾次這樣的挫折，再加上自我能力不足，孩子只好採取逃避，躲在一旁生悶氣，拒絕跟小朋友一起玩耍。時間一長，孩子的人緣就越來越差。

在家集萬千寵愛於一身的孩子，缺乏與外界的碰撞，離開了家以後，就不知所措了。當他處於陌生環境的時候，不知道自己應當怎麼處理，只會躲在父母身後，不會採取任何行為來保護自己。孩子會認為自己的能力不足以和外在的力量抗衡，只能黏在爸媽身邊，期望成人能夠保護自己。這種孩子在幼兒園裡無法和別的小朋友一起玩耍，總愛纏著老師不放。而老師又不可能只照顧一個孩子，於是孩子便越發感到不安，漸漸地不想上幼兒園了。如此下去，孩子的交友能力便成長不起來。

要改變這種情況，家長需要馬上改變教育模式，對孩子要剛柔並濟，讓孩子在家庭中的地位成為受教育者和家庭普通成員。

首先，要教會孩子懂禮貌，守規則。這兩點在人際交流中是重要的兩點，只有充分尊重別人的權利，你的權利才會被尊重。只有遵守共同的規則，生活才會井然有序。

其次，停止對孩子的過度保護。對於孩子力所能及的事情，要求他自己嘗試去做。由於孩子在這之前一直是被大人

幫著做事情,所以,一開始時他還會說「幫我做」,這時不要再滿足他的要求,而是應該對他說:「自己試著做做看。」在這種情況下,孩子會漸漸地開始鼓起勇氣自己試著動手做。孩子有一點成功,付出一點努力,都應當及時地誇獎。在這個時候千萬不要責備,責備會讓他更不知所措,產生挫折感,繼而產生失落感,產生自卑。

總之,只有家長放開保護的大手,孩子才能敢字當頭。

單親家庭的仇恨灌輸

每一個單親家庭的背後,都有著一部血淚史。不少夫妻離異後,擁有監護權的一方喜歡把對方貶得一無是處,向孩子灌輸敵對情緒。比如「你爸爸不要我們了」或是「你媽如何道德敗壞」之類的話。不僅如此,有監護權的一方還會對孩子施加壓力,要麼明說要麼暗示:如果你膽敢親近或想念那個不負責任的壞蛋,我會不高興,我會難過,甚至我會不要你。

其實夫妻離婚對各自來說可能是一種解脫。但對孩子而言,就是巨大的打擊。而對孩子父母的極度貶低,更是讓孩子受傷的心靈上雪上加霜。孩子不禁會對這個世界充滿絕望與懷疑:連我的父親(母親)都會這樣,這世上還有好人嗎?從而逐漸形成對整個社會、對一切人都懷有負面的心態,常

第十一章　避開教育孩子的常見迷思

常用冷漠甚至仇恨的眼光看待世界。這是許多單親家庭孩子個性偏離正常軌道的一個重要原因之一。

在 2008 年美國大選中勝出的年輕總統歐巴馬（Barack Hussein Obama II），用他無與倫比的口才與個性魅力征服了大多數選民。很少有人知道，歐巴馬就是從一個單親家庭長大的。歐巴馬剛出生不到一年，他的爸爸老歐巴馬獲得了兩個求學機會，一個是紐約新學院大學提供的足夠一家三口在紐約生活的優厚獎學金，一個是去哈佛大學讀經濟學博士。老歐巴馬毫不猶豫地去了哈佛，他對妻子安說：「我怎麼能拒絕最好的教育呢？」這是一九六一年，而一九六四年，安提出離婚，老歐巴馬沒有異議。此後，老歐巴馬帶著另一個美國女子去了肯尼亞老家工作。

看起來，安有很多理由對老歐巴馬憤怒，她一邊帶兒子一邊求學，生活非常拮据，而且自他們離婚後一直到一九八二年老歐巴馬遭遇車禍去世，歐巴馬只見過爸爸一次。此外，老歐巴馬也沒支付過撫養費，這個父親沒有盡過自己的責任。

然而，安沒有表現過對老歐巴馬的憤怒，也從來沒有在兒子面前說過爸爸的壞話。實際上，每當和兒子談起他的爸爸，安說的都是優點。她對歐巴馬說，他爸爸聰明、幽默、擅長樂器，有一副好嗓子……

　　安可能是天生豁達，所以只是對歐巴馬陳述事實，也可能是希望兒子能因爸爸而自豪，所以談的都是優點，但不管是什麼原因，她的這種方式都收獲了很好的結果 —— 她說的老歐巴馬的這些優點，歐巴馬身上都有。

　　不僅如此，或許更重要的收穫是，媽媽這樣談到爸爸，在極大程度上減輕了父母離婚給歐巴馬帶來的心理上的衝擊。他的內心不僅不必分裂，還學到了豁達，並且也學會了如何在糟糕的情形下看到積極的一面。這可能是歐巴馬現在展現出的樂觀個性的重要緣由。

　　千萬不要嘗試讓孩子忘記與仇恨他的父親（母親）。離異是大人的選擇，但是這個選擇會影響到孩子的成長。怎樣做才能既保全大人的幸福又最大限度地減少對孩子的負面影響，這是離異家長甚至是全社會共同關心的問題。讓我們一起來面對這個日益常態的難題，讓每個人都生活得更好一點吧！

電子書購買

國家圖書館出版品預行編目資料

你的孩子還沒長大成人，為何就已淪為「孤家寡人」？橫行霸道、出口成髒、自私自利……別人對孩子唯恐避之不及，全都是家長的問題！/ 黃依潔，欣悅編著 . -- 第一版 . -- 臺北市 : 崧燁文化事業有限公司 , 2023.01

面； 公分

POD 版

ISBN 978-626-332-904-1(平裝)

1.CST: 親職教育 2.CST: 子女教育

528.2　　111018499

你的孩子還沒長大成人，為何就已淪為「孤家寡人」？橫行霸道、出口成髒、自私自利……別人對孩子唯恐避之不及，全都是家長的問題！

臉書

編　　著：黃依潔，欣悅

發 行 人：黃振庭

出 版 者：崧燁文化事業有限公司

發 行 者：崧燁文化事業有限公司

E-mail：sonbookservice@gmail.com

粉 絲 頁：https://www.facebook.com/sonbookss/

網　　址：https://sonbook.net/

地　　址：台北市中正區重慶南路一段六十一號八樓 815 室

Rm. 815, 8F., No.61, Sec. 1, Chongqing S. Rd., Zhongzheng Dist., Taipei City 100, Taiwan

電　　話：(02) 2370-3310　　傳　　真：(02) 2388-1990

印　　刷：京峯彩色印刷有限公司（京峰數位）

律師顧問：廣華律師事務所 張珮琦律師

―版權聲明―

定　　價：375 元

發行日期：2023 年 01 月第一版

◎本書以 POD 印製